智慧父亲的七项修炼

胡洪军 胡正栋 著

中国纺织出版社有限公司

图书在版编目（CIP）数据

智慧父亲的七项修炼 / 胡洪军，胡正栋著. --北京：中国纺织出版社有限公司，2024.6
ISBN 978-7-5229-1711-5

Ⅰ.①智… Ⅱ.①胡… ②胡… Ⅲ.①家庭教育 Ⅳ.①G78

中国国家版本馆CIP数据核字（2024）第081027号

责任编辑：李凤琴　　责任校对：高　涵　　责任印制：储志伟

中国纺织出版社有限公司出版发行
地址：北京市朝阳区百子湾东里A407号楼　邮政编码：100124
销售电话：010—67004422　传真：010—87155801
http://www.c-textilep.com
中国纺织出版社天猫旗舰店
官方微博 http://weibo.com/2119887771
北京华联印刷有限公司　各地新华书店经销
2024年6月第1版第1次印刷
开本：710×1000　1/16　印张：13.5
字数：125千字　定价：58.00元

凡购本书，如有缺页、倒页、脱页，由本社图书营销中心调换

序言一

法国启蒙思想家让-雅克·卢梭在他的经典著作《社会契约论》中以此开篇：人是生而自由的，但却无往不在枷锁之中。这与《智慧父亲的七项修炼》的精神颇为契合。卢梭认为人性本善，但往往被他成长的社会所腐化。卢梭对儿童教育非常感兴趣 —— 就像本书的作者一样。实际上，他的后续作品《爱弥儿》是一本以个人发展的故事形式而呈现的教育书籍，通常被视为现代教育的首创之作。卢梭的许多建议与《智慧父亲的七项修炼》中的内容不谋而合，特别是在思考为年轻人发现他们独特才能的过程上。

而不同于本书的作者，卢梭并没有践行自己的信念。他有几个未婚生的子女，但为了继续追求他的"自由"而将他们遗弃。这虽然使得他撰写了西方哲学中一些最有趣和有影响力的作品，但是，在卢梭的有生之年，即使是他的朋友和仰慕者也认为他不是一个严格意义上的"好人"。相反，《智慧父亲的七项修炼》的作者则践行了自己的教育理念。他的儿子胡正栋最近在我的指导下在英国华威大学完成了博士学位，并获得了一项声望很高的奖学金，将他的博士论文转化为一本个人专著，这无疑将是他辉煌学术生涯的第一步。在这个非常重要的意义上,这本书中的著述已被证明是行之有效的。

史蒂夫·富勒(Steve Fuller)

国际知名科学技术哲学家和科学社会学家

欧洲文理科学院人文学部院士

英国社会科学学院院士

序言二
成为孩子终身成长的榜样

我是一位父亲，一位哲学博士的父亲，我于1988年开始工作，并于2004年创办沃尔得教育机构，从事教育工作20余年。我从实用英语培训做起，当时中国刚加入世界贸易组织（WTO），能开口说英语的人才太少，尽管受过高等教育的人大都学过英语，但基本都是哑巴英语，因此，我立志让更多国人快乐、便捷、自信地掌握一口流利的英语，助力中国更好地对外贸易与交流培养实用英语人才。这方面的情况我在《沃尔得之鹰》一书中有较详细的介绍。随着公司的发展，现在公司的业务涵盖学业规划及出国留学、青少年思辨、本硕博科研论文辅导等涉及孩子学业晋升与成长的全过程；全球研学与旅修及生命教育等覆盖成年人的品质生活的服务，已从创业初期的技能培训到现在更多关注与服务生命本身的终身成长。

在领导沃尔得教育的发展及担任几家教育公益机构会长或理事的社会职务实践过程中，我更深地了解到公办学校教育情况、国内的国际学校教育状况、国外的基础教育及高等教育状况，沃尔得教育20余年累计服务了年龄跨度从3~80岁的近30万名学员，也了解了大量的家庭及孩子的学业教育状况，看到不少青少年因父母不当的家庭教育、学校不同的教育环境导致在成长过程中出现很多心理问题，甚至发生不少极端事件，很是心痛！同时，我从1995年起陪伴儿子胡正栋从出生到进入幼儿园、小学、国内的国际学校中学、国外的大学本科、研究生，直至去年博士毕业，近30年陪伴孩子的成长过程中也积累了不少养育孩子、处理亲子关系及持续赋能孩子健康成长的实践经验。

我们都能理解，每个孩子降临到这个世上都带着自己的天赋才华与使命，生命的整个成长过程就是透过自己的探索与实践体验，去找到并发挥自己的才华、完成自己的使命、完整自己的生命。每个孩子出生时都天真无邪，为何这些年越来越多的孩子在成长过程中出现了让人心痛的问题？为何那么多孩子不敢追求自己的理想？为何那么多孩子无法绽放他们的生命活出更好的自己？这些问题的背后是孩子成长的环境使然，而影响孩子成长的首要因素就是家庭环境，就是父母的教育理念及如何养育孩子的方式方法，就是如何做好为人父母的榜样并为孩子终身健康成长创造好环境！

如何才能更多地帮助到父母们？尤其是父亲们？能让我面对面遇见与交流的父母毕竟是极少数，这促使我想把自己对于教育的理解、对于如何养育阳光孩子、对于如何成为终身成长的好父亲、孩子的好榜样的思考写成书分享给天下的父母们！

每个孩子的天赋才华与使命都不同，如何养育孩子的方式方法有很多，但唯有打开心门，带着对孩子无私的爱，打破自身对世界与教育的认知边界，站在更高维度看待这个世界与生命，我们就有无数好方法好言语滋养孩子，助力孩子"成人"！让孩子成为具备独立人格、自由思想、探索精神与自我发展能力的人！

"幼吾幼以及人之幼"，我带着这份无量的祝福与爱写下每一个字，希望对所有的父母有帮助，尤其能为父亲们带来助力！让我们一起成为孩子终身成长的好榜样，并为他们打造成长的好环境。

我以父亲的七项修炼为纲入手，分别是：认知的修炼、角色的修炼、教育方法的修炼、习惯的修炼、关系的修炼、责任的修炼、放手的修炼，再结合实际的方法，将目、道、法、术结合，一起重新认识、学习、实践如何成为一名卓越的父亲这一课题。教育不仅仅传授知识，更多是育人；生命不是说教，是活法。"天下兴亡，匹夫有责"，让我们一起变革与建设更加美好的机制与环境！让我们的孩子都能绽放生命之花，成为阳光孩子，成长为更好的自己，让生命在传承中越来越美好！让世界因父亲们的改变与精进而更美好！

胡洪军

2024年2月16日

于上海

序言三
父亲的陪伴与成长
——回忆与父亲的种种过往

在孩童时期模糊的记忆中,我对父亲的印象开始于幼儿园。那时的我天真无邪,记忆里全是父亲对我的爱和呵护。我记得他会接送我上学,坐在他的"小电驴"(电瓶车)后面,跟他讲校园里好玩的事,会说很多幼儿园里的细节,诸如我觉得谁是我的好朋友谁不是,我吃饭吃得特别干净,午睡也很听话……那一段上学放学的路,充满了温馨的回忆。

当然,他也有让我不开心的时刻,比如父亲不让我看奥特曼的动画片。有一次,看完《雷欧奥特曼》的最后一集,他就把我所有奥特曼的光碟都收起来了,然后带我去了公园,告诉我,长大了就不要看奥特曼了。其实,我现在都还在看奥特曼,我一直都想成为那个拯救世界的英雄。

小时候,我还喜欢坐在车上听父亲放的音乐。我从小听的就是英文歌,因为父亲特别有品位。莎拉·布莱曼的《斯卡布罗集市》(*Scarborough Fair*)是对我影响最深刻的,虽然这首歌有点悲伤。

小学阶段,记忆里父亲和妈妈有段时间经常争吵,我觉得父亲的心不在家里了,他似乎不再爱我和妈妈了。我对他所有美好的印象,第一次出现了裂缝。我仍然爱他，我只是感受到他对我有点不够信任，或许是一种内疚，这些我都感觉得到。

初中，一切又都好了。他常陪伴在我身边，他鼓励我去做班长，我说："我成绩这么差，刚来国际学校，连英文都讲不好，我能当班长？"他说："你当然能！去竞选、去做就知道了。"我去了，真的当上了！虽然我当时觉得这是因为没有厉害的人竞争，而且这个职务似乎也不需要做什么重要的事情，所以竞选了就当上了而已，但是现在想想真的很神奇。父亲是那个可以给我带来神秘力量的人。

高中更是快乐。我平时住校，他一直都和妈妈一起开车接我回家，送我去学校，在车上我们会听FM87.9，里面放着最潮流最前沿的英文歌，如Radioactive, Diamond，这些歌我们一起唱，一起嗨。我觉得父亲可"潮"了，完全能跟我玩到一起啊，而且他尊重我的兴趣，有些我喜欢的歌很多人不接受，但是父亲很喜欢，跟我一样。

也不知道为什么，可能是其他情感上的原因，父亲在我高中的最后一年，对我有很多要求和期待，但是很少听我讲我的痛苦，所以他对我讲的很多目标，我表面上应付，实际上不接受。我们之间的冲突和矛盾，也影响了我的学习成绩。

进入大学后，我跟父亲的辩论多了不少。我们都追求真理，我们的路径不同。他是个实干的企业家，走了心灵与生命成长的实操路线。我是个学者，对真理的追求停留在理论和哲学思辨的层面，我总觉得他说的有些东西不科学，他也总说我有时分不清知识和智慧。不过，每次跟他聊完，我从来没觉得对他的爱有任何减少，我相信他也是这么认为的，最多我有时候让他很"烦"而已，我从来都没有"乖"过，谁让我是他的儿子呢？我从心底里觉得，我跟父亲走在一条路上，一条拥抱真理、追求喜悦、完成人生使命的路。平时的辩论无非是挑战他，去找那个我心中的真理，但是爱的底色，不会消失。

胡正栋

2024年2月28日

目录

第一章
认知的修炼

父亲的思考：我要带我的孩子去哪里　—　002

父亲的觉醒：如何践行教育的真正目的　—　013

第二章
角色的修炼

0~3岁：进入父亲的角色，学习成为"父亲"　—　033

4~6岁：做孩子称职的好玩伴　—　039

7~12岁：做榜样的父亲，坚持以身作则　—　045

13~18岁：作为好朋友，能坦诚交心　—　052

18岁以后：做好孩子的人生顾问　—　058

第三章
教育方法的修炼

父亲的困惑　—　064

父亲的教育方法——四力模型　—　080

第四章
习惯的修炼

父亲的生活习惯，决定孩子的生活理念 — 094

父亲的饮食习惯，影响孩子的饮食结构 — 098

父亲的消费习惯，影响孩子的消费价值观 — 106

父亲的阅读习惯，塑造家庭书香文化 — 114

父亲的运动习惯，重塑孩子的运动爱好 — 117

第五章
关系的修炼

与工作的关系：我与事业，互相成就 — 124

父亲的财富观：培养孩子的财富思维 — 136

父亲的权力观：塑造孩子对权力的态度 — 141

父亲的亲密关系：孩子幸福感的源泉 — 145

第六章
责任的修炼

人格塑造：父亲的自我责任 — 154

家庭幸福：父亲的核心责任 — 158

传承家风：父亲的家族责任 — 161

价值贡献：父亲的社会责任 — 174

第七章
放手的修炼

身体的放手：孩子获得飞翔的自由   -   178

学业的放手：孩子获得选择未来的自由   -   181

婚姻的放手：从爱情到婚姻，父母不干涉   -   184

后记一   做孩子一辈子的榜样   -   189

后记二   父亲是我生命里的那道光   -   195

后记三   父亲要活成孩子希望成为的样子   -   197

[第一章]
一

认知的修炼

当你的潜意识没有进入你的意识的时候，那就是你的命运。
——瑞士心理学家　卡尔·荣格

♥♥ 父亲的思考：我要带我的孩子去哪里

我一直在想，作为父亲最需要修炼的是什么？是他的脾气，还是他为一家人提供经济基础的能力？……随着阅历的增长，我渐渐明白，作为父亲最需要修炼的是认知体系。比如说，在孩子成长的过程中，他会遇到一些问题，当他来向你求助的时候，你对这个问题，如果完全没有常识，就不可能拥有深刻独到的见解，更不要说去帮助孩子解决问题了。

在孩子成长的过程中，有无数个这样的问题考验着父亲们。我作为一个父亲，当我跟你一起去谈论"父亲"这个话题的时候，我们两个人都需要对父亲有更深刻、更全面、更与时俱进的认知体系。只有这样，我们才能够引领孩子去往他们人生的未来，而不是像牵着一只顽皮的猴子，或者拽着一头懒惰的大象，因为孩子自己的人生需要他们自己主导。

在工作的忙碌之余，我也会经常思考，我要带我的孩子去哪里？是他能站在我的肩膀上，拥有更高的事业巅峰？还是我能够给他一笔资金，支持他去创业？抑或送他不停地深造让他拥有更高更光鲜的学历？诸如此类，让他拥有更大的、世俗意义上的成功？这些问题，困扰了我自己很多年，我心中也没有准确的答案。这一章的内容，伴随着我对"作为父亲，我要带孩子去哪里"这个问题的思考展开。

父亲的疑惑：我从何时成为一名真正的父亲

你有没有想过？你我是从何时成为一名父亲的？是当孩子呱呱坠地的那一刻，还是妻子告诉你她怀孕的那一刻？如果这些特别的时刻，我们作为父亲的兴奋和认知没有被激活，会不会在我们漫长的一生当中，我们无法真正承担起父亲的"称号"？而又是为什么父亲的角色认知会来自于某一个时刻，而不是漫长的时间？这个问题值得我们追问。我们对于父亲这一角色的认知，决定了在我们的潜意识里面，包括我们的行为和语言层面，我们如何去扮演好一个父亲的角色，承担起一个父亲的责任。

在你我成长的过程中，家庭很早就给我们输入了要早点结婚生子的观念，因而我们似乎很早就坦然接受，我们终有一日会成为父亲。然而年轻人却不这样想，他们拒绝接受上一辈传承下来的婚姻作为人生必选项的题目，这同样让作为父亲的我们感到疑惑。

我曾经读过一本书，这本书的书名叫作《父性》，它的作者是意大利作家鲁伊基·肇嘉。这本书以作者深刻独到的见解讲述了父亲角色从古到今的转变。在母系氏族社会，父亲的角色并不清晰，可以说没有母亲的角色清晰而重要，因为母亲担任着整个族群繁衍生息的重任。那个时候，父亲的行为更多来源于本能，而不是现代意义上作为父亲的责任。当人类进化到父系氏族社会，父亲的角色开始树立，伴随着人类文明的发展，父亲的职能开始被丰富化，其中，哪一部分职能源自于社会的发明？哪一部分职能又是源自人类用来管理自身的规则？当父亲和母亲有了更细的分工，孩子的母亲忙于照料孩子，那么，孩子的父亲就必须提供食物和保护，分工持续强化，或许正是因为这个原因，男性开始称他们自己为"父亲"。"父亲"的理念经过历史的发展，逐步植入每个男性心中。男性逐渐有了为人之父的想法和行为，并且逐步建构起父亲的认知体系。

如果古时候父亲的角色更多的是源于生物的本能、分工的要求和职能的发展，那今天父亲的角色又发生了很多变化。比如，现在的父亲，有的可能是企业家、创业者、职场的职员，或者公务员等，他们没有办法控制自己的工作安排，必须跟随单位的需要和发展来安排工作，作息也不是非常规律，应酬社交占用了他们很多业余时间，有的父亲还需要经常出差，甚至外派。

现实中，很多孩子不愿意从事父亲所从事的工作，很多"创二代"不愿意接父亲的班。父亲也开始彷徨，不知道应该如何引导孩子，给孩子输入怎样的价值观，带领他们进入什么样的社会群体，经济全球化和国际贸易促使社会流动越来越大，人们会从一个城市搬到另一个城市工作或生活，甚至从一个国家搬到另外一个国家去发展。父亲们没有办法教给孩子一个统一的价值观规则，因为这些规则会随着时间和空间的推移发生很大的变化，而这些都使父亲的角色不再那么鲜明。

父亲的地位十分严峻，作为父亲的我们，你是否有时也会感到无奈？在我们的内心深处，也十分渴望回归父亲的角色，能与孩子有更深层的精神交流，而不仅仅是"饲养员"和"提款机"。但是工作的压力、生活的重担、家庭生活的缺位、孩子教育的缺席，模糊了父亲

的角色，让所有作为父亲的我们都感到彷徨，相信每一位父亲都希望尽到父亲的职责与义务，在这看似不可调和的矛盾里，智慧的父亲会积累实力、提升认知，做出理智的取舍和选择。

作为现代社会的父亲，需要去重新找回作为父亲的意义！当然，我们面临的现实问题很棘手，曾经我们作为价值观的传承者，教孩子读圣贤书做君子；我们作为技能当之无愧的传授者，教孩子骑马狩猎，甚至教孩子打球骑行，一切都顺理成章，父亲的权威与尊严传承了千秋万代。但是今天，当我们面对的是网络游戏时，父亲已经没有了"权威"，我们甚至需要孩子的指导。当我们试图指导孩子的教育与将来的职业生涯时，会遭到他们的反对和抵抗。父亲的威严已经不可逆转地消失，很多孩子的朋友圈对父母都是关闭的，孩子的兴趣爱好不再与父母相关。

我们不得不意识到，我们和孩子已经属于不同的世界。我们作为父亲，又将为自己的孩子提供怎样的人生指导，采用什么样的方式，才能够不被排斥呢？

当父亲忙于工作和事业，回避或者压根不去思考这些问题的时候，父亲不过是借助事业的成功来掩盖作为父亲本身角色的弱化。父亲的身份确认有赖于事业的成功，父亲们之间的竞争是为了能养活他们的家人，为家人提供更好的物质基础。伴随着这样的循环，当社会变得越来越世俗化，父亲这一曾经的"一家之主"，将逐渐失去孩子对他的尊重，也将失去作为父亲的自尊。

不是母亲的暴躁和指责，将父亲们推出了家门，这个"锅"不应该肤浅又不负责任地甩给辛苦照顾孩子的母亲们，我们应该从更深层次上理解这种普遍现象，父亲们需要主动担当起自己作为现代家庭一员的角色，而不是缺位于孩子的教育，或者将脏乱的衣服扔在了沙发上，抑或以疲惫为由不分担家务，甚至感情出轨。父亲的身份转变有现代社会的因素，也有父亲自己作为父亲角色的落伍。孩子对父亲的认知往往只存在于理性当中，孩子们似乎也已经体验不到，期待离家的父亲回家时的那种特殊的愉悦感。

我们需要重新去寻找父亲，去寻找我们在这个时代作为父亲更深层次的角色。抑或是我们只有开始寻找作为父亲这一真正角色，我们才能真正在自己的人生当中，实现自我的成年！对于父亲角色的思考，我和你一样，内心同样带着迷茫和沉重感。好在当我们共同探讨这个话题的时候，我们已经意识到，表面上是父亲角色在弱化，深层次里是整个人类社会父性的集体退却。在人类发展的历史上，需要有我们这样一群人，试图去思考和探索，父亲在历史和未来交替的洪流中，如何承担父性必不可少的重要使命。

父亲的反思：什么才是教育的真正目的

我从事教育工作20多年，这个问题的答案成为我教育孩子的指南针。培养一个生活独立又人格健全的孩子，是我认为适合坚守的教育目的，升学和就业，都是为这个目的服务的，我们很多父母却做得本

末倒置。这也不能完全怪他们，在应试教育的体制下，太多的唯分数论、唯升学论，孩子们被逼得苦不堪言。父母也只能被动应对，陪着孩子去参与激烈的淘汰式竞争，将生命的未来与希望寄托在中考和高考上，既现实又悲哀。

我们作为父亲，担任着父亲的职责和使命，首先就要从根本上想明白，我们是本着怎样的教育目的去抚养自己的孩子，而不是随波逐流，成为一名"缺位的父亲"，成为没有清晰教育目的乌合之众中的一员。如果我们变成"缺位的父亲"，那我们的孩子，该是多么彷徨和无助。在十几年的学习和考试生涯里，浑浑噩噩地度过他们的青春时光，他们要么顺从、屈服地学习，要么带着青春的叛逆与你为敌，他们还可能会厌学甚至患上心理疾病，以至于让你怀疑人生！

生活独立是对身体健康的呵护与照料，人格健全是心灵的成熟与完整，两者合二为一，就是最好的教育结果。至于大学、工作，还有财富、地位和身份，都是教育结果附带的产物，不能作为教育目的。

罗素有一句名言：人生而无知，但是并不愚蠢，是教育使人愚蠢。每个人生下来就会被输入各种价值观，价值观不同就会产生冲突，有了冲突就会有对错的纠缠，你有你的观点，我有我的立场，是是非非，在对错里搅和得像一锅浆糊，人就会变得糊涂，没有智慧了。作为父亲，要回到对孩子的教育目的即"生活独立"和"人格健全"的统一中来，回到"二元合一"的认知，回到每一个个体都是独一无二的信念中来，那就不会陷入太多无谓的竞争，要竞争就和过去的自己竞争，而不是和同学竞争，帮助孩子在身心合一的基础上找到自己的热爱，去寻找和探索他作为一个独立生命体的意义和价值，孩子就不会有那么多问题。

哪怕是孩子学习不好，只能从事很普通的职业，比如说，在机械厂里面做工人，如果他喜欢动手，这是他的爱好，他也会全身心投入在这当中，就像稻盛和夫先生，在公司快要倒闭的时候，日夜睡在实验室里研发新材料，他也帮助公司寻找到了新的机会。稻盛和夫研发出的陶瓷主要是电子陶瓷之类的功能陶瓷，这些陶瓷是精密医疗器械和电子网络的核心部件。他成立的京瓷公司就是一家生产这种陶瓷刀具、陶瓷文具、珠宝首饰、半导体零部件及其他零件的公司。这种新型陶瓷材料在全球范围内京瓷做得最好，并且带来了一场实实在在的新材料革命，极大地推动了通讯业和互联网的发展。

每个人都是普通的生命，是爱好与坚持为每个人聚光，然后被这束光照亮，享受到生命意义的喜悦，这是生命自我的发现与成长。

但是如果孩子被引入二元对立的思维模式，是非对错无处不在，用标准去教育他，用答案去纠正他，日复一日，孩子的自我成长就会关闭，生命不停地被驯化，他的独立人格就会被封闭。作为父亲，如果对此没有觉察，一直用标准和对错去教养他，那孩子的人格如何健全？父亲之所以被称为父亲，是因为他需要洞察本质的智慧。如果我们自己都没有独立的人格，我们再为人父是否会心虚？我们是否为自己的盲目教养感到一丝羞愧？

英国教育理论家怀特海主张教育的全部目的就是使人具有活跃的智慧。他强调智慧是掌握知识的方法之方法，没有智慧就不可能产生真正的知识。因此，教育的核心应该是激发孩子的求知欲，提升其判断力，锻炼其对复杂环境的掌控能力，使孩子能够运用理论知识对特殊事例有所预见。我们需要从忙碌的工作和事业当中抽身出来，多读一读教育经典，除了怀特海，还有罗素、约翰·杜威、蔡元培、陶行知这些大教育家的作品，站在更高的维度去认识教育，然后再去思考微观层面上的"我"，作为父亲的我们，应该秉持怎样的教育目的，去教育自己的孩子。你可以不认同我的教育目的，但是你必须有自己的教育目的，因为这与你的孩子息息相关。古人教导我们"老吾老以及人之老，幼吾幼以及人之幼"。现在我的儿子胡正栋，已经在国外博士毕业，正在做博士后研究工作，在他的教育之路上，我也曾经走过弯路，也曾经为他倒数的成绩寝食难安，甚至跟太太发生冲突，责备她在我创业的时候没有教育好孩子，做着"缺位的父亲"，却也能冠冕堂皇地指责另一半，想一想当时的自己，真的是特别荒唐与无知！幸好我觉醒得早，改变了自己的认知，调整了教育孩子的方式，帮助孩子找到了一条适合他成长的学业之路。所以，我希望作为父亲的你，尽量少走一些弯路，用你的智慧，去带领孩子走一条适合你孩子发展的人生路，并不是帮他开这辆人生的列车。

父亲的未来：如何将真善美融入孩子教育

费孝通先生有一句十六字的箴言"各美其美，美人之美，美美与共,天下大同",这是费孝通在80岁诞辰聚会上提出的治学理念和方法,它探讨了个体的治学理念和中华民族乃至人类文明的层面,阐述了维系中华民族共同体凝聚力的"一"与"多"的辩证关系。我非常喜欢这句话,在这句话里我还领悟出了教育孩子的目标。

"各美其美,美人之美,美美与共,天下大同"这句话表达了一种多元共存、和谐共处的理念,也揭示了美的多样性和包容性,我们在家庭教育中,也可以从这个角度去理解和应用。下面我将逐一谈谈我的理解。

首先,"各美其美"意味着个体或文化都有其独特的美,这种美是独特的、无可替代的。它强调了美的多样性和差异性,告诉我们应该尊重和欣赏不同的美,而不是用一种标准去衡量和评价所有的美。当我们在评价"80后"的时候,说他们是"垮掉的一代",而就是他们肩负起了还车贷、还房贷的重任,为经济的发展扛着几十年的债务,他们没有垮掉,他们比任何一代都坚韧不拔,尽管我不认为,他们应该肩负这么繁重的负债。我们和我们的孩子之间,没有太多的共同语言,甚至没有共同的价值观,我们不适合用自己过去的认知去清洗他们的大脑,加强各自的认知无法形成共识。Cosplay❶接受不了?二次元不是你的菜?爱好不同而已,只要不损害身体健康,只要不影响人格健全,有什么关系?我们不如学会"各美

---

❶ Cosplay 一般指代通过服装、道具、化妆、造型等方式,借助摄影、舞台剧、摄像等形式,对出现在动画、漫画、游戏作品中某位角色或者某段剧情进行现实还原的活动。

其美",接受君子"和而不同"。

其次,"美人之美"则进一步强调了欣赏他人之美的重要性。这不仅是一种对他人的尊重和认可,也是一种开放和包容的心态。通过欣赏他人之美,我们可以拓宽自己的视野,丰富自己的审美体验,从而促进不同文化之间的交流和融合。拿来理解孩子,就是重视自己对孩子的欣赏,而不是约束和管教,当他在课堂上画了个火柴人,先看看画得好不好嘛,给人家撕了,是不是算是损害别人原创作品?老父亲的强权有可能遭到强烈抵制!这个时候,你是不是又陷入了二元对立、对错之分?然后再进行超强纠错?先接纳、欣赏,再去沟通,达成你要的共识,比如,上课不要画火柴人,下课后,写完作业后再画,他画得这么好,帮他开通网络账号,实力吸粉,鼓励胜过限制,玩一阵子他就又不玩了,我一个朋友的孩子就是这样,去年国庆画了一周,发布后吸粉很多,但后来又不画了。如果你强制他,把他的画撕了,限制他画,他反而"反骨铮铮",跟你斗争到底,根据孩子的性格因势利导,会有事半功倍的效果。

再次,"美美与共"则强调了美的共享和共存。在多元化的社会中,不同的美可以相互交融、相互辉映,共同构成一个更加丰富多彩的世界。这种共享和共存不仅体现了美的包容性和普遍性,也促进了社会的和谐与进步。小的时候,孩子需要父母的庇护,青春期,孩子需要父母的尊重和平等对待,成年后,孩子需要独立和自由,他们的每一个诉求,可能都是对父母权威的挑战,如果父母视之为威胁,就会在潜意识里捍卫自己的权威,尤其是拥有传统价值观念的父亲们。不得不说，成长是一种宏大而深沉的美，就像一株小树经过风雨的洗礼长成参天大树，**父母要允许孩子用适合他自己的方式去生长**，这是最底层的生命之美。当然，父母在这个过程中也同样需要生长，保持终身成长，而不是过早地进入固化思维，人不成长就面临着思维的衰败和精神的枯萎。保持父母和孩子的成长性，实现家庭中的"美美与共"。

最后，"天下大同"则是教育孩子的终极目标。它表达了一种对于世界和平、人类团结的美好愿景。在"各美其美，美人之美，美美与共"的基础上，人们可以超越种族、文化、信仰等差异，共同追求一个更加美好、和谐的世界。而这一点，从家庭里生长出来，父母与孩子都需要与世界建立融洽的关系，这是父母用爱和包容滋养的人类情怀，他是所有父母都需要教会孩子的世界观与生命观，这种博大的胸襟，支撑孩子去拥抱全世界。

"各美其美，美人之美，美美与共，天下大同"这句话表达了一种多元共存、和谐共处的理念，强调了美的多样性和包容性，并揭示了美的共享和共存对于社会和谐与进步的重要意义。同时，它也提醒我们，**作为父亲也需要不停地追求"美"，带领孩子一起追求"美"**，在这个过程中，尊重和理解不同的文化和价值观，与孩子一起共同创造一个更加美好的未来世界。对未来美好的期待，是我们生命生生不息的源泉，也是我们作为父亲，为孩子注入的永不枯竭的生命动力。

父亲的觉醒：如何践行教育的真正目的

1922年，梁启超应苏州学界之邀作一场演讲，他讲了如何成为一个不惑、不忧、不惧的人。如今这场演讲已经过去了一百多年，话中的深意依然值得作为父亲的我们从中体会做人的目的。

全文引用如下：

> 诸君！我在南京讲学将近三个月了。这边苏州学界里头有好几回写信邀我，可惜我在南京是天天有功课的，不能分身前来。今天到这里，能够和全城各校诸君同聚一堂，令我感激得很。但有一件，还要请诸君原谅：因为我一个月以来，都带着些病，勉强支持，今天不能作很长的讲演，恐怕有负诸君的期望哩。
>
> 问诸君："为什么进学校？"我想人人都会众口一辞地答道："为的是求学问。"再问："你为什么要求学问？""你想学些什么？"恐怕各人答案就很不相同，或者竟自答不出来了。诸君啊！我替你们总答一句吧："为的是学做人。"你在学校里头学的数学、几何、物理、化学、生理、心理、历史、地理、国文、英语，乃至什么哲学、文学、科学、政治、法律、经济、教育、农业、工业、商业等，不过是做人所需要的一种手段，不能说专靠这些便达到做人的目的。任凭你那些件件学得精通，你能够成个人不能成个人，还是另一个问题。
>
> 人类心理，有知、情、意三部份，这三部份圆满发达的状态，我

们先哲名之为"三达德"——知、仁、勇。为什么叫作"达德"呢？因为这三件事是人类普通道德的标准，总要三件具备才能成一个人。三件的完成状态怎么样呢？孔子说："知者不惑，仁者不忧，勇者不惧。"所以教育应分为知育、情育、意育三方面，现在讲的知育、德育、体育不对，德育范围太笼统，体育范围太狭隘。知育要教导人不惑，情育要教导人不忧，意育要教导人不惧。教育家教学生，应该以这三件为究竟；我们自动地自己教育自己，也应该以这三件为究竟。

一、怎样才能不惑呢

最要紧的是养成我们的判断力。想要养成判断力：第一步，最少须有相当的常识；进一步，对于自己要做的事须有专门知识；再进一步，还须有遇事能判断的智慧。假如一个人连常识都没有了，听见打雷，说是雷公发威；看见月蚀，说是虾蟆贪嘴。那么，一定闹到什么事都没有主意，碰着一点疑难问题，就靠求神、问卜、看相、算命去解决。真所谓"大惑不解"，成了最可怜的人了。学校里小学、中学所教，就是要人有了许多基本的常识，免得凡事都暗中摸索。但仅仅有这点常识还不够。

我们做人，总要各有一件专门职业。这职业也并不是我一人破天荒去做，从前已经许多人做过。他们积了无数经验，发展出好些原理、原则，这就是专门学识。我打算做这项职业，就应该有这项专门学识。例如，我想做农吗？怎样地改良土壤，怎样地改良种子，怎样地防御水旱、病虫……，都是前人经验有得成为学识的。我们有了这种学识，应用他来处置这些事，自然会不惑；反是则惑了。做工、做商等，都各有他的专门学识，也是如此。我想做财政家吗？何等租税可以生出何样结果，何种公债可以生出何样结果等，都是前人经验有得成为学识的。我们有了这种学识，应用他来处置这些事，自然会不惑；反是则惑了。教育家、军事家等，都各有他的专门学识，也是如此。我们在高等以上学校所求得的知识，就是这一类。但专靠这种常识和学识就够吗？还不能。宇宙和人生是活的，不是呆的；我们每日所碰见的事理，是复杂的、变化的，不是单纯的、印板的。

倘若我们只是学过这一件才懂这一件，那么，碰着一件没有学过的事来到跟前，便手忙脚乱了。所以还要养成总体的智慧，才能得有根本的判断力。这种总体的智慧如何才能养成呢？

第一件，要把我们向来粗浮的脑筋，着实磨炼他，叫他变成细密而且踏实；那么，无论遇着如何繁难的事，一定可以彻头彻尾想清楚他的条理，自然不至于惑了。

第二件，要把我们向来昏浊的脑筋，着实将养他，叫他变成清明；那么，一件事理到跟前，我才能很从容、很莹澈地去判断他，自然不至于惑了。以上所说常识、学识和总体智慧，都是知育的要件，目的是教人做到"知者不惑"。

二、怎么样才能不忧呢

为什么仁者便会不忧呢？想明白这个道理，先要知道中国先哲的人生观是怎么样。"仁"之一字，儒家人生观的全体大用都包在里头。"仁"到底是什么，很难用言语来说明。勉强下个解释，可以说是："普遍人格之实现。"孔子说："仁者，人也。"意思说是人格完成就叫作"仁"。但我们要知道：人格不是单独一个人可以表现的，要从人和人的关系上看出来。

所以"仁"字从二人，郑康成解他做"相人偶"。总而言之，要彼我交感互发，成为一体，然后我的人格才能实现。所以我们若不讲人格主义，那便无话可说；讲到这个主义，当然归宿到普遍人格。换句话说，宇宙即是人生，人生即是宇宙，我的人格和宇宙无二无别。

体验得这个道理，就叫作"仁者"。然则这种"仁者"为什么会不忧呢？大凡忧之所从来，不外两端：一曰忧成败，一曰忧得失。我们得着"仁"的人生观，就不会忧成败。为什么呢？因为我们知道，宇宙和人生是永远不会圆满的，所以易经六十四卦，始"干"而终"未济"；正为在这永远不圆满的宇宙中，才永远容得我们创造进化。

我们所做的事，不过在宇宙进化几万里的长途中，往前挪一寸两寸，哪里配说成功呢？然则不做怎么样？不做便连一寸两寸都不往前挪，那可真失败了。"仁者"看透这种道理，信得过只有不做事才算失败，凡做事便不会失败；所以《易经》说："君子以自强不息。"换一方面来看，他们又信得过凡事不会成功的；几万里路挪了一两寸，算成功吗？所以《论语》说："知其不可而为之。"你想：这种人生观的人，还有什么成败可说呢？

再者，我们得着"仁"的人生观，便不会忧得失。为什么呢？因为认定这件东西是我的，才有得失之可言。连人格都不是单独存在，不能明确地画出这一部分是我的，那一部分是人家的，然则哪里有东西可以为我所得？既已没有东西为我所得，当然亦没有东西为我所失。

我只是为学问而学问，为劳动而劳动，并不是拿学问劳动等做手段来达某种目的——可以为我们"所得"的。所以老子说："生而不有，为而不恃。""既以为人，己愈有；既以与人，己愈多。"你想：有这种人生观的人，还有什么得失可忧呢？总而言之，有了这种人生观，自然会觉得"天地与我并生，而万物与我为一"；自然会"无入而不自得"。他的生活，纯然是趣味化、艺术化。这是最高的情感教育，目的是教人做到"仁者不忧"。

三、怎么样才能不惧呢

有了不惑、不忧功夫，惧当然会减少许多了。但这是属于意志方面的事。一个人若是意志力薄弱，便有很丰富的知识，临时也会用不着；便有很优美的情操，临时也会变了卦。然则意志怎样才会坚强呢？头一件须要心地光明。孟子曰："浩然之气，至大至刚。""行有不慊之心，则馁矣。"又说："自反而不缩，虽褐宽博，吾不惴焉？自反而缩，虽千万人，吾往矣。"俗词说得好："生平不作亏心事，夜半敲门也不惊。"一个人要保持勇气，须要从一切行为可以公开做起，这是第一著。第二件要不为劣等欲望所牵制。《论语》说："子曰：'吾未见刚者。'或对曰：'申枨。'子曰：'枨也欲，焉得刚？'"被物质上无聊的嗜欲东拉西扯，那么，百炼钢也会变为绕指柔了。

总之，一个人的意志，由刚强变为薄弱极易，由薄弱返到刚强极难。一个人有了意志薄弱的毛病，这个人可就完了。自己作不起自己的主，还有什么事可做！受别人压制，做别人奴隶，自己只要肯奋斗，终能恢复自由。自己的意志做了自己嗜欲的奴隶，那么，真是万劫沉沦，永无恢复的余地，终身畏首畏尾，成了个可怜人了。

孔子说："和而不流，强哉矫；中立而不倚，强哉矫；国有道，不变塞焉，强哉矫；国无道，至死不变，强哉矫。"我老实告诉诸君吧，做人不做到如此，决不会成一个人。但是做到如此真是不容易，非时时刻刻做磨炼意志的工夫不可。意志磨炼得到家，自然是看着自己应做的事，一点不迟疑，扛起来便做，"虽千万人吾往矣"。这样才算顶天立地做一世人，绝不会有藏头露尾、左支右绌的丑态。这便是意育的目的，要人做到"勇者不惧"。

我们拿这三件事作做人的标准，请诸君想想，我自己现在做到哪一件？哪一件稍为有一点把握？倘若连一件都不能做到，连一点把握也没有，哎哟！那可真危险了，你将来做人恐怕就做不成！讲到学校里的教育，第二层的情育，第三层的意育，可以说完全没有，剩下的只有第一层的知育。就算知育罢，又只有所谓常识和学识，至于我所讲的靠总体智慧来养成根本判断力的，确实一点儿也没有。

这种"贩卖智识杂货店"的教育，把他前途想下去，真是令人不寒而栗！现在这种教育，一时又改不来，我们可爱的青年，除了他更没有可以受教育的地方。诸君啊！你到底还要做人不要？你要知道危险呀！非你自己抖擞精神想法自救，没有人能救你呀！

诸君啊！你千万不要以为得些片断的知识就是算有学问呀！我老实不客气地告诉你吧：你如果做一个人，知识自然是越多越好；你如果做不成一个人，知识却越多越坏。你不信吗？试想想全国人所唾骂的卖国贼某某人，是有知识的呀，还是没有知识的呢？试想想全国人所痛恨的官僚、政客——专门助军阀作恶、鱼肉良民的人，是有知识的呀，还是没有知识的呢？诸君须知道啊！这些人，十几年前在学校的时代，意气横厉，天真烂缦，何尝不和诸君一样，为什么就会堕落到这样田地呀？屈原说的："何昔日之芳草兮，今直为此萧艾也？岂其有他故兮，莫好修之害也。"天下最伤心的事，莫过于看见一群好好的青年，一步一步地往"坏路"上走。诸君猛醒啊！否则现在你所厌、所恨的人，就是前车之鉴了。

诸君啊！你现在怀疑吗？沉闷吗？悲哀、痛苦吗？觉得外边的压迫你不能抵抗吗？我告诉你：你怀疑、沉闷，便是你因不知才会惑；你悲哀、痛苦，便是你因不仁才会忧；你觉得你不能抵抗外界的压迫，便是你因不勇才会惧。这都是你的知、情、意未经修养、磨炼，所以还未成个人。我盼望你有痛切的自觉啊！有了自觉，自然会自动。那么学校之外，当然有许多学问，读一卷经，翻一部史，到处都可以发现诸君的良师呀！

诸君啊！醒醒吧！养定你的根本智慧，体验出你的人格、人生观，保护好你的自由意志。你成人不成人，就看这几年哩！

　　这段讲话稿，我曾反复读过很多遍，振聋发聩。他说的很多问题到今天依然还在，他提出的主张，令作为父亲的我也时常扪心自问，我是不是已经修炼到接近"一个不惑、不忧、不惧的人"？我都不敢说我已是。如果我们对此没有那么笃定，我们就需要与孩子一起继续修炼，成为"一个不惑、不忧、不惧的人"。如何去修炼，成为一个不惑、不忧、不惧的人呢？**我总结起来就两个关键词，都是跟行动相**

关的，一个是知行合一，一个是忠于热爱。

还是要回到教育的目的，为了实现孩子的生活独立和人格健全的合一，让他能够不惑、不忧、不惧，我们在教育孩子的时候，就需要努力去做到知行合一。

每个父亲所秉持的价值观，一定是他自己先活出来，打样打出来，否则就会没有说服力，父亲说一套，做一套，如何能够给孩子正确的引导？父亲的言传身教，尤其是父亲对儿子的影响，那是无形之中的深远影响。

关于忠于热爱，我给各位父亲推荐一部关于梦想的电影《心灵奇旅》。在这部电影中，男主角乔伊非常喜欢弹钢琴，他一直梦想成为一名钢琴家。一场意外事故，将他的灵魂带到了奇幻之地——"生之来处"。灵魂在降生地球之前，必须先在那里培养性格和兴趣，甚至缺点和怪癖。是热爱和坚持，帮助乔伊回到地球，去实现他的梦想，最终故事也以完美大结局的形式为这个故事画上了圆满的句号。生命的意义与爱好的价值在乔伊的这趟心灵奇旅之中，也给我们带来了很多启发。作为父亲，不管你是初为人父，还是已经儿孙满堂，都不应该放弃对梦想的追求，同时，帮助孩子探索热爱，忠于热爱，会让我们的孩子们对未来也充满期待。

可惜啊，很多父母终其一生，都没有发现自己的热爱，甚至迫于生计，早早地将梦想埋葬在柴米油盐的生活里，还叫孩子早早地面对现实，放弃梦想，我是如此地心痛不已。好想叫醒这些现实的父母，追求梦想不一定要财力雄厚，人脉通天，哪怕一辈子都没有实现，这一场追梦之旅，一样也不负光阴。何况，《吸引力法则》告诉我们，宇宙似乎有一种神奇的力量，会帮助真心渴望实现梦想的人去实现他的梦想。不要那么早放弃你的梦想，也不要湮灭孩子的梦想，你们都值得拥有一束属于自己的光。打个比方，一个苹果，你一口，我一口，大家很快吃完了，但是两份热爱，你一个，我一个，我们分享的是加倍的快乐，这是多么美好的场景呀！

父亲的修养：懂得尊重，培养孩子的独立人格

提到尊重，很多父母会不以为意。他们会觉得，按照我受的教育背景、工作经历和工作成就，我怎么可能会不尊重自己的孩子，我非常尊重他，是他有时候不懂得尊重我！父母对于自己的言行举止没有更多的反思。当你看到孩子的表现不好，对他大吼大叫的时候，尊重他了吗？他犯了一些错误，你对他动手打骂的时候，尊重他了吗？当家长当老师向你投诉孩子的表现不好，你也迎合着老师，在背后说他不好的时候，你尊重他了吗？……父母不尊重孩子的情形时常可见，而父母们对此却毫无觉察，他们会觉得孩子犯了错，不配得到和颜悦色。父母对自己的言行举止并没有足够的自律，对自己不尊重孩子的行为也没有太多的意识。出现这种情形的频繁程度，令人痛心。每当我跟一些父母聊天，我就会去了解他们对孩子的尊重，是不是有条件的。很多家长都能看到孩子对自己的不尊重，而对自己不尊重孩子的行为茫然不知。我们

指责孩子不尊重自己,尤其是男孩,是不是因为自己在言行和举止上没能充分尊重孩子,才渐渐引发了孩子的不尊重?

父亲的修养,排在第一位的就是尊重,对孩子给足尊重才能培养出独立人格的孩子。想一想,我们小的时候,是不是也没有得到父母的足够尊重,所以我们心中对尊重的认知是残缺的,是停留于口头层面的,我们需要重新学习尊重孩子。

尊重孩子是一个重要的家庭教育原则,有助于培养孩子的自尊心、自信心和独立性。以下建议,帮助父母更好地尊重自己的孩子:倾听孩子的意见和想法,当孩子表达自己的想法和意见时,父母应该认真倾听,不要打断或忽视,这可以让孩子感到被重视和尊重,同时也可以促进亲子之间的沟通;尊重孩子的个性和兴趣,每个孩子都有自己的个性和兴趣,父母应该尊重并支持孩子的选择。不要强迫孩子做自己不喜欢的事情,而是鼓励他们发展自己的潜力和兴趣;给孩子一定的自主权,在家庭生活中,父母应该给予孩子一定的自主权,让他们有机会自己做出决策和承担责任,这可以培养孩子的独立性和责任感;避免在公共场合批评孩子,在公共场合,父母应该避免当着他人的面批评或指责孩子,这可以保护孩子的自尊心,避免让他们感到尴尬或羞辱;尊重孩子的隐私,父母应该尊重孩子的隐私权,不要随意进入孩子的房间或翻看他们的私人物品,这可以让孩子感到自己的个人空间得到尊重;以身作则,成为孩子的榜样,父母应该通过自己的言行来示范尊重他人的重要性。当父母尊重他人时,孩子也会受到感染并学会尊重他人。

尊重孩子是一个长期的过程，需要父母在日常生活中持续关注和实践。通过倾听、支持、给予自主权、避免批评、尊重隐私以及以身作则等方式，父母可以建立起一个充满尊重和爱心的家庭环境，促进孩子的健康成长。

父亲的远见：重视平等，启发孩子的自由思想

我经常会听到有些父母，甚至老一辈会跟孩子讲"乖，听话……"我对听话这个词非常敏感，在我的教育语言系统里面，我是很回避使用"听话"这个词的。我们希望孩子听话，意味着我们希望他听从我们的意见，按照我们的意志行事；我们希望孩子听话，是不想要孩子按照自己的意志去做事；当我们跟孩子讲听话的时候，其实是想安抚甚至压制他正在爆发的情绪。所以"听话"这个词看起来很温和，实际上它在我们教育孩子的时候却有很多负面的影响。我们应该跟孩子进行更多的交流。你讲出你的观点，你讲出你的理由，你有什么样的想法，你内心有什么样的期待？这是一种话语权的平等。除了话语权的平等，还有权利的一种平等，比如，孩子在青春期的时候，想要保护自己的隐私，不让你翻看他的日记，然后孩子想要玩游戏，其实他也有娱乐的权利。父母跟孩子之间，要在充分平等、尊重的基础上，制定一个好的规则，双方共同去执行，虽然有的时候推行起来会有难度，但是如果不去磨合，那么双方之间就会经常陷入冲突

和矛盾。还有就是家庭责任的平等，我们那个年代家中孩子比较少，所以我们对孩子都非常宠爱，很少让他去做家务，比如说扫地、拖地、叠被子、收纳等。现在我看很多孩子长大了，床乱糟糟的，把自己的房间搞得一团糟。如果孩子从小都没有承担过家庭的责任和义务，等他长大了，你再希望他能够去承担责任和义务的时候，他可能已经没有办法接受这种状态，因为他已经养成享受家庭权利的习惯了，不再愿意承担家庭的责任和义务。所以我们如果希望孩子能够有责任心，承担家务就是一种很好的做法。当我们去经营现代家庭的时候，父亲一定要有这样的远见，就是能够重视家庭成员之间的平等，让孩子拥有充分的自由去表达他的想法以及情绪。在这样的基础上，孩子才会拥有自由的思想，他才有长出自由思想的沃土。

总结来说，父亲和孩子之间的平等主要体现在以下几个方面。

话语权平等。父亲应该尊重孩子的发言权，允许他们表达自己的想法和观点，而不是一味地压制或忽视。在家庭讨论和决策中，孩子也应该有参与和发表意见的机会。父亲应该倾听孩子的意见，认真对待他们的想法，让孩子感到自己的声音被重视。

权利平等。父亲和孩子应该享有平等的权利，包括但不限于受教育权、隐私权、娱乐权等。父亲不应该侵犯孩子的权利，也不应该对孩子进行任意的惩罚或限制。相反，父亲应该尊重孩子的权利，保护他们的合法权益，让孩子感到自己在家庭中是一个有尊严和平等权利的成员。

家庭责任平等。父亲和孩子都应该承担家庭责任，包括家务劳动、照顾家庭成员等。父亲不应该把所有的责任都推给孩子，也不应该自己承担全部责任而让孩子无所事事。相反，父亲应该与孩子一起分担家庭责任，培养他们的责任感和独立性。父亲和孩子之间的平等是建立在尊重、理解和支持的基础上的。父亲以身作则，成为孩子的榜样，通过日常生活中的点滴细节来体现平等原则，让孩子在健康、和谐、平等的家庭环境中成长。

父亲的成长：保持好奇，引导孩子的探索精神

现在的夫妻生孩子都比较晚，会出现孩子上小学、初中的时候，他们的父母已经到了35岁左右，甚至是40多岁的情况。这个年龄阶段的父母很大的一个特点就是好奇心所剩无几，他们更多的是对人性的洞察、人情的练达以及生活的承压，尤其是父亲们，可能用现实这个词来形容更符合实际。在这样的情况下，父亲们特别需要一个觉察：不管你到了怎样的人生阶段，都需要保持对事物的好奇心，那代表着你精神的生长性。你对生命价值意义的探索，对周围的新鲜事物保持敏锐的感知，会让你获得更多的机会和快乐。比如我是很喜欢去尝试新事物的，视频号直播出来的时候，我去尝试做短视频，去研究分析，去学习剪辑，没做几条就爆火了，成了视频号的"金微博主"。这让我既有成就感，又感受到新事物带给我的快乐。我很喜欢这种对新鲜事物的尝试，它会让我的边界变得更加开阔。好奇心是孩子探索

世界、学习新事物的动力,对于他们的成长和发展至关重要。父亲要保持自己的好奇心,通过自己的言行来展示好奇心,让孩子看到大人在学习和探索新知识时的热情和努力,这将激发孩子的好奇心,让他们愿意跟随父母的脚步去探索世界。

父母可以通过以下方法保护孩子的好奇心。

鼓励孩子多提问。孩子天生好奇心重,喜欢问问题,父母应该耐心回答孩子的问题,鼓励他们多提问,不要因为他们的问题多而感到厌烦。**提问是孩子了解世界的一种方式,也是他们锻炼思维、提高解决问题能力的途径。**

提供丰富的探索环境。父母可以为孩子提供丰富的书籍、玩具、实验器材等,让他们有更多的机会去探索、发现和学习。此外,还可以带孩子去户外,让他们接触大自然,感受世界的多样性。

尊重孩子的兴趣。每个孩子都有自己的兴趣爱好,父母应该尊重并支持孩子的选择。不要因为自己的喜好而限制孩子的兴趣发展。当孩子对某个领域产生浓厚兴趣时,父母可以给予关注和支持,帮助他们深入学习。

避免过度干涉。当孩子在进行探索和学习时,父母应该给予一定的自由空间,避免过度干涉。过度干涉可能会限制孩子的好奇心,让他们变得胆怯和依赖。父母可以在必要时给予指导和帮助,但不要代替孩子去解决问题。

培养孩子的批判性思维。好奇心往往伴随着批判性思维。父母可以教导孩子如何分析问题、评估信息,让他们学会独立思考和判断,这将有助于孩子在面对新知识时保持开放和好奇的态度。

父亲一直在探索新事物，不断地学习成长，自然也会影响孩子，**带上孩子去探索世界，才是父亲最神圣的职责。**

[第二章]
一

角色的修炼

  教育是一棵树摇动另一棵树,一朵云推动另一朵云,一个灵魂唤醒另一个灵魂。
  ——德国哲学家　卡尔·西奥多·雅斯贝尔斯

父亲在孩子成长的过程中，扮演着无可替代的角色，担负着至关重要的责任。尽管在这方面，大家很容易达成共识，但是在实际的社会生活中，父亲短期或长期的缺位现象也不在少数，一般会存在几方面的原因：

（1）父亲长期异地工作或求学，常年不在孩子身边，陪伴孩子的时间较少。

（2）父母分开后，父亲未能经常探望，甚至不探望，造成了父亲角色的长期缺位。

（3）父亲在孩子身边，但是工作异常忙碌，与孩子的作息时间错开，早上出门早，晚上回来孩子已经睡了，跟孩子的交流互动不多。

（4）父亲在孩子身边，工作不太忙，但是精力都在玩游戏或者看短视频上，不主动与孩子进行交流，孩子也玩游戏或者看短视频，造成形式陪伴，没有体现父亲的角色功能，没起到一个父亲教育孩子的必要作用。

第一种情况，往往会因为父亲的心里感到愧疚，于是会主动与孩子视频或音频交流，弥补异地出差或求学给孩子带来的缺失。第二种情况则是父母分开带来的影响，有的父亲会比较主动地参与孩子的成长，有的父亲则忽略了孩子的需要，多多少少会对孩子产生一些影响。后面两种情况，父亲虽然在孩子身边，却往往比较容易忽略与孩子之间的交流互动，形成心理上的隔阂。尤其是最后一种情况，如果没有意识到父亲有效陪伴的重要性，即孩子需要更多与父亲的互动，那么这种流于形式的陪伴，也无助于孩子的成长。如何与亲近的人沟通、相互陪伴和交流，父亲可以用自己的方式教会孩子，一起玩手机，这种方式显然是现在很多父亲最擅长的方式之一。

父亲在参与孩子成长的过程中，不同的阶段到底应该扮演什么样的角色，发挥什么作用，产生什么影响，作为父亲，我有很多自己的思考和实践。此外，在组织很多父母参加家庭教育指导的学习培训中，我也访谈了很多的父母，很明显的是，很多母亲对自己的角色认识会比较深刻，而父亲们对自己作为父亲这个角色的认识却不够清晰，甚至是相当模糊的，当孩子出现一些心理问题的时候，甚至是后知后觉的，他们只知道自己是父亲，需要承担父亲的责任，比如为家庭提供一定的经济支持等，但到底如何理解父亲的角色，发挥父亲的职能，成为称职的父亲，需要更多的父亲们思考。

孩子从出生到长大成人，说起来时间很长，其实也不过眨眼的时光，就发现孩子上幼儿园了、上小学了、上初中了、上高中了、上大学了，离开了自己的视野，平时不和自己频繁地联系了，作为父母的失落，只有孩子已经长大成人的父母们才有切身的体会，再回头去看，发现这一切仿佛都是倏忽之间的事情。为了在孩子不同的成长阶段，父亲都能发挥自己的重要作用，我把自己多年作为父亲实践总结的经验分享给你，这也被很多父亲实践验证是最简单有效的经验。做好父亲并不需要父亲们付出太多的时间和精力,具备母亲燃烧自己的那种牺牲精神,而是发挥父亲的优势和特点,用自己的方式去陪伴和教育孩子,发挥父亲的重要职能。

♥ 0~3岁：进入父亲的角色，学习成为"父亲"

在我儿子栋栋0~3岁这个阶段，回忆展开像泛黄的画卷，记忆点是非常多的。我不是严父的风格，反而他的母亲相对会更严格一些，算是慈父严母的组合。栋栋一出生，我和太太都要上班，就由他的外婆照顾他，栋栋一开始身体不是太好，0~3岁几乎每个月都要去医院。栋栋在3岁时还动了一个不小的手术，当时胎儿的检查也没检查出来，只是出生一个月左右，被发现哭声和其他孩子的声音不太一样，然后去检查才发现问题。医生说3周岁动手术是比较合适的，可以早点治疗，早点康复。那时候特地从浙江宁波带他来上海知名的儿童医院看病，也真巧，给我们看病主刀的主任后来受邀去了宁波的一家医院，他一去，我们就正好预约做了这个手术。做好手术，一个星期之后，栋栋就可以下床了，后来很快就康复了。我和太太当时还是有些担心的，毕竟孩子还那么小，因为栋栋小时候吃了这个苦，作为父母觉得他受了这个煎熬，后来对他就特别的疼爱，众亲友也一样都是带给他满满的爱，欢声笑语常常环绕着他的周围，不让他的情绪有太大波动，我们认为这样对他身体的康复会更有帮助。

我儿子是剖宫产，没怎么爬就开始走路了。最好是在孩子学爬的阶段，多给他爬一爬，孩子的感统就会好一点。感统会影响他的平衡能力，后期还会影响他的专注力。

讲我儿子的故事给大家听，就是这个阶段我因为儿子的身体不像其他的孩子那么健康强壮，作为父亲，我对孩子的陪伴和关注就会更多一些，这让我一开始就意识到要多付出。

父亲的专业认识：0~3岁，绝对不能错过的五大发育关键期

对孩子来说，这个阶段是下面几方面发育发展的关键期：

1. 身体的快速发育期（包含智力）

孩子出生之后，体重快速增加，1岁时的体重相当于出生时的3倍左右，以后每年增加2~3kg，身高也增加很快，几乎以每年10cm的速度增长。

2. 专注能力的呵护期

我和太太两个人之前没有特别地关注过家庭教育，对孩子的专注力保护不足。孩子有时候在专心地玩，我们两个人会打断他，老人打断他的次数会更多一些，问他要不要喝水，要不要吃水果……孩子的专注力没有得到刻意的保护，就会被削弱。

0~3岁的时候专注力是最需要呵护的，因为他很专注，不回答的时候，家人肯定会问他很多次，有的时候问多了得不到应答还会生气，对于孩子来说，专注力肯定就会受到影响。

3. 语言能力的开发期

这个阶段同时也是大脑的快速发育期，包括孩子的感知、思维和语言等在内的多项能力都会快速发育，需要合理的营养搭配，多做一

些促进孩子大脑发育的游戏，3周岁孩子的母语交流已经顺畅，是开启孩子练习第二语言的最佳时间。

4. 动手能力的训练期

0~3岁孩子的动手能力很强，多给他们玩一些锻炼动手能力的玩具会非常利于他掌握一些惊喜的动作，我小外甥女两岁时已经能熟练地使用儿童剪刀了，很多家长担心剪刀会伤到孩子，不给他们用，其实想办法满足孩子的需求，也是父母需要调整的心态，而不是直接就说不行，让孩子太早放弃对新鲜事物的尝试，是不利于孩子全面发展的。

5. 主体性格的养成期

孩子在0~3岁期间语言能力一直在发展之中，起初并不能很好地表达需求，只能通过动作、简单的语言，甚至只是哭泣来表达需求，父母需要做出细致周到的识别，满足孩子的需求，比如1岁内及时检查更换尿不湿，按时喂奶，抱抱孩子给他安全感。0~3岁的孩子特别需要安全感，有的育儿专家会提出少抱，早点分床睡之类的建议，我们也不能说他说得不对，他是从培养孩子的独立能力角度出发的，而安全感同样是孩子的重要需求，作为父母也不能偏听偏信，还是要多学习了解孩子这一阶段的需求，来做出及时的回应和相对准确的判断，在孩子性格的形成期，给予及时必要的支持。

父亲的秘密武器：懂妻子的产后恢复，家庭关系更和谐

成为父亲，不仅是身份上的，还有心理和能力上的，如果你刚刚晋升为父亲，建议你重点关注下面几方面：

1. 用心呵护妻子

母亲情绪的稳定会影响她们与孩子的亲密感和安全感。0~3岁这个阶段父亲特别需要处理好跟母亲的关系，如果母亲的情绪稳定，孩子的性格和情绪就会比较稳定。但是我们也会看到很多家庭出现问题，也是在0~3岁这个阶段。作为母亲，生育完宝宝之后，体内的激素快速变化，身体变化，熬夜带娃的疲劳，很容易让母亲患上产后抑郁，而很多的父亲因为没有提前了解这方面的知识，发现太太情绪不好的时候没有及时关照，首先就会带来两个人沟通的问题，进而是太太的不良情绪持续淤积，影响母乳的分泌，就会影响孩子的营养和情绪，带来一系列的恶性循环。

如果怀孕的时候母亲情绪好，孩子获得的乳汁就会相对充足，营养也比较充分，孩子就会得到很好的呵护和喂养。所以父亲在0~3岁期间一定要关注到太太的情绪，孩子也在这个阶段形成自己与家人的情感和情绪连接，对于情绪大脑发育也是至关重要的。

2. 分担养育责任

养育0~3岁的孩子非常辛苦，尤其是孩子出生后的第一个月，每两三个小时就需要喂一次奶，如果是母乳喂养，那作为孩子的母亲每一天都无法睡完整的觉，肯定是非常疲劳的，父亲需要多多体谅照

顾，主动承担一些力所能及的照顾工作，比如，学着给孩子换尿布、洗澡、哄睡、对话、陪玩……很多父亲却忽略了这个阶段，选择在初期养育里退场了，如果刚好工作很忙，家里又觉得插不上手，就一门心思地投入工作。

虽然看起来分工明确，但是也会让太太觉得支持不够，因此父亲要多多参与孩子的养育细节。

3. 提供经济保障

刚刚生育孩子的母亲，在这个阶段会很担心不能给孩子提供更好的生活保障，会比之前更加缺少安全感，也更容易陷入焦虑。作为父亲，在这个阶段拥有稳定的工作，或者提供强有利的经济保障，对母亲来说，会增强她们心里的安全感，有了安全感，情绪也会比较稳定，在照顾孩子的时候，也会有更多的耐心。当然，这里不是要求父亲按照超越自己能力要求的水准，来为家庭提供经济保障，而是在力所能及的情况下尽量减少风险，比如，放弃不必要的高风险投资、留足生活备用金等，都是做好经济保障的体现。

4. 学习教育方法

刚出生的宝宝对父亲来说既惊喜又陌生。有些关于幼儿养育的专业书，父亲可以有意识地买来看一看，如何照顾0~3岁的宝宝？黄疸怎么照顾？宝宝何时翻身、何时坐立、何时学会走路？都需要心中有数，抓住关键期养育，哪些活动有利于孩子的大脑发育，什么月龄开始培养孩子自己吃饭，都是需要了解和学习的。父亲也只有持续参与孩子的成长，才能感受到太太照顾孩子的辛苦和为人父的养育之乐。

5. 协调"多边关系"

如果这时候双方父母会有一方或者两方要来帮忙照顾孩子,家里的关系就变成了"多边关系",生活习惯、饮食习惯和沟通方式的不同容易引起家庭关系的摩擦,父亲在这个时候的角色很关键,要善于坦诚沟通与协调。

💕 4~6岁：做孩子称职的好玩伴

4~6岁的孩子处在幼儿园阶段，小班、中班、大班，上学都是我骑着"小电驴"（电瓶车）送儿子，放学我与他外婆协同，早餐经常带他去吃大饼油条、吃馄饨，那个年代不太讲究忌口，但是每天都非常开心。回到家给他讲故事，我几乎在他睡前都会给他讲故事，那时候他母亲做业务工作比较忙一点，我做财务工作相对按部就班，就能给孩子很多的陪伴。

北欧的基础教育，尤其是挪威和芬兰的基础教育被认为是世界上最好的基础教育，老师带着孩子在各种玩中去领略和体验，小孩子总会提各种问题，与老师探讨各种问题，探索大自然，探索心中的各种疑问。父亲作为孩子的玩伴，也要培养孩子的探索精神，寓教于乐，孩子的天性会得到很好的保护，天赋也会得到很好的开发。在玩中建立亲子感情，建立内心的联结，我是深有感触的，我自己从小就得到母亲的关爱，姐姐的照顾，还有几个阿姨也都很喜欢我，她们喜欢带着我去走亲访友，我深深地感受到自己的童年被爱包围和滋养着，很幸福。长大之后，无论当我遇到什么困难挫折，从内心的根基来讲，至少我对生命是热爱的，没有过多负面的心态或者心理问题，也不会因为遭受挫折困难而抱怨外界，抑或产生心理问题，更不会厌世。

现在的孩子，特别近些年，玩得太少，从幼儿园开始就上各种兴趣班或者辅导班，知识学得也都很早，家长都害怕输在起跑线上。

其实有些东西在玩中就知道了，没必要刻意地去学那些东西，幼儿园学习小学的知识，小学学习初中的知识，导致好多孩子小学、初中或者高中阶段厌学，得不偿失。无论是从孩子的心性，还是呵护他的未来，抑或保护他探索学习的兴趣出发，小时候都应该多玩、会玩，充分体验童年的快乐。奥地利心理学家阿德勒说"幸运的人一生都被童年治愈，不幸的人一生都在治愈童年"，可见让孩子拥有一个快乐的童年是多么重要的事！

父亲的专业提升：4~6岁，需要发展的四大优势

带孩子充分享受玩的快乐，不代表父母对这个阶段孩子的成长一无所知，而是应该充分了解4~6岁这个阶段孩子的特点，寓教于乐，在快乐的玩耍中，抓住处于关键期的孩子相应的兴趣、爱好、能力和素质的培养，而不是送到兴趣班和辅导班，交给所谓的专业机构图个轻松省心。

1. 兴趣爱好的敏感期

在这个年龄段，孩子开始对周围的事物产生好奇心，很多新鲜的事物都想去尝试，甚至对其中的危险茫然不知。父母这个时候要注意观察和尊重孩子的兴趣，探究孩子对哪些事物比较感兴趣，尊重他们的选择，不要因为自己觉得有价值、有意义就强制他们去追求某种兴趣，也不要因为某些事物存在风险就完全不让孩子尝试，在可控的范

围内做好防护,大胆地鼓励孩子去尝试,失败了也没关系,这样做可以拓展孩子的体验边界,让孩子变得勇敢,敢于尝试。勇敢是人的第一情商!

2. 自信性格的养成期

鼓励孩子去探索和发现各种有趣的事物,让他们通过亲身实践去感知和了解这个世界,提升他们的认知和动手能力。同时,保持与孩子的积极互动,肯定和赞美他们的小尝试,为他们的需求提供支持和帮助,激发他们的学习兴趣和积极性。孩子在不断的尝试中,会慢慢变得自信,对自己也会产生更多的期待。

3. 社交能力的试探期

孩子在幼儿园与其他小朋友长期相处中,会体验个人与他人的边界,比如因为玩具产生的一些争执会使孩子的边界感慢慢增加,在处理与周边小伙伴相处的问题中锻炼出自己的社交能力。在这个过程中要积极鼓励孩子与他人建立友善共处的关系,逐步学会社交中的等待、交换和分享等技能。

4. 规则意识的形成期

孩子在这个阶段需要遵守幼儿园的各种要求,比如,按时到校、保持良好的上课习惯、按时午休等,孩子在这个过程中也会学会一些规则。而在家里也需要学会按时上床睡觉,过马路会看红绿灯,在图书馆不能大声喧哗……在各种公众场合,学会遵守基本规则,这是形成规则意识的关键时期。

父亲的必备技能：会玩的父亲更"权威"，只会围观的父亲"惹人厌"

父亲如何在4~6岁这个阶段做好孩子的玩伴呢？那就是：在场景中，寓教于乐，帮助孩子发展这个阶段的关键能力。

1. 绘本阅读

绘本阅读是加深父子关系的有效方式。不管是念绘本给孩子听，还是两个人表演绘本的情节，都是很有趣的做法，父亲可能工作比较忙，不能坚持每天给孩子读绘本，但是每次读绘本的时候全情投入，都会给孩子留下美好的回忆。到了孩子五六岁的时候，可能他已经识字了，或者绘本读得多了，孩子已经记住了内容，也不妨让孩子读绘本给你听，也是很好的互动方式。

2. 鼓励社交

带孩子出门在小区里玩，或者去游乐场、外出就餐或旅行，在社交中多给孩子示范，做出恰当的行为举止，教会孩子与其他小朋友一起玩，包括一些社交话术、礼貌用语，孩子会在社交中获得快乐。

3. 户外活动

周末父亲尽量抽时间，多带孩子去亲近大自然，多体验阳光、风、泥土、花香、果香……

4. 多做游戏

父亲多和孩子做游戏，学习精细化的动作，提高协调性和反应能力，孩子的笑声犹如灿烂的阳光，能带给父亲们无限的放松和喜悦。

5. 收纳整理

每天家庭活动结束后，教会孩子收拾自己的玩具，养成好的生活习惯。父亲也需要以身作则，东西不能乱放，脏衣服也不能乱扔，每个人都是家庭的一份子，需要为保持家庭的整洁做贡献。

6. 生活独立

作为父亲，要很有耐心地教会孩子独立完成吃饭、穿衣、上厕所，不要因为父亲出门赶时间，就经常催催催，"快一点啊……"孩子会因此变得焦虑，甚至对你的催促不在意，久而久之就更拖拖拉拉了。**孩子所有的能力都需要耐心来培养。**

在我儿子上幼儿园的时候，我会特意把他带到户外去，带到大自然中去，大多数自己的休息日，会带着孩子接触大自然，一家人周末会去公园里放风筝或者跟其他的同学和家长一起去农场摘草莓，去烧烤。那时候周末基本上都是去户外：公园、书店、农场等，或者陪他玩乐高、蹦床、剪纸、橡皮泥……这个年龄段的孩子，家务活也会干一点，如扫地、洗碗等，家务也是可以"玩"起来的，一边"玩"一边弄，虽然做得不好，但是他很有参与感，比如他玩好玩具了之后，让他自己收起来，收到指定的位置，从哪里拿来放到哪里去，养成好习惯。收纳的习惯很重要，后来他出国留学工作，自己照顾自己，我和太太就很放心。

做好4~6岁孩子的玩伴的重点就是寓教于乐，虽然是玩伴，但其实是一种培养孩子、陪伴孩子的方式，一起玩才有意思，有的父母把孩子带到公园，自己往那一坐就开始玩手机，其实这一点意义都没有，根本就不是孩子的玩伴，陪伴孩子还是得用心，放下所谓的工作和琐事，和孩子一起享受童真的快乐。

❤❤ 7~12岁：做榜样的父亲，坚持以身作则

2005年孩子读四年级，我来上海筹建公司总部了，之后差不多两个月回去一趟，那时候跟太太的关系也陷入"七年之痒"，也没有之前的浓情蜜意了，忙着创业，忙着发展事业，这个时候给太太和孩子陪伴都很少，也就是从那个时候开始，儿子的成绩一步步落下了，那几年对孩子的陪伴是有缺失的，至今儿子还对那几年父亲陪伴的太少耿耿于怀，偶尔提起，还是会对我表达不满。我太太的个性比较直爽，比较粗线条，对儿子的要求比较严格，儿子小时候有啃指甲的习惯，太太多次指出还是没有效果，有次特别生气的时候，就把儿子的手抓过来用绣花针扎了一下，让他记住痛不能再啃手指甲，所以到现在栋栋都一直记着，记着父亲的缺位和母亲的惩罚，这些不太愉快的记忆，也让我和太太一直都觉得对儿子有亏欠，直到后来一直努力弥补曾经对孩子造成的心理伤害，去治愈孩子心底的创伤。

这是我后来开始学习心理学，开始进入家庭教育行业，才懂得的道理，过了3岁的孩子，啃手指不仅仅是一个坏习惯，还有更深层次的原因。周云炜在《心平气和当母亲》这本书中写道：当孩子的身体中缺乏微量元素如锌、铁时，就很容易导致异食癖，表现出来的特点就是啃手指；压力过大或缺乏安全感的时候，能通过啃手指降低焦虑，放松心情；孩子觉得无聊或好奇时，也容易出现啃手指的行为。如果母亲强硬地制止孩子啃手指，那么孩子就容易产生心理阴影，长

大后易出现焦虑、发脾气等情况，缺乏信任与安全感。这是个比较系统的分析，很明显从小缺乏安全感的孩子，在父母那里没有获得安全感就会产生啃手指的行为。以前是真无知，真的是不学不知道，还会强迫孩子去改掉，训斥他，又加重了他的不安全感，导致长期改不掉。心理学还有一个实验，叫作"白熊效应"，就是你越是阻止一个人不让他去想象一只白熊，他越会想象那只白熊。所以，越是强制孩子不啃手指，越是加重了他的毛病，多少父母和老师都是这样帮助孩子去改坏毛病的，最终导致不但孩子的毛病改不掉，关系还会变得糟糕起来。我进入家庭教育行业之后，依然发现很多父母对一些生活的细节不注意，还会用不恰当的方式对待孩子，所以父母还是要学习教育孩子的知识和方法，修炼自己的情绪和胸襟，时时刻刻提醒自己以身作则，才能少在孩子成长的过程中犯错。

父亲的专业进化：7~12岁，需要悉心培养的六大核心能力

7~12岁这个阶段，为了做好能给孩子提供专业教养的父母，不管是学习能力，还是其他方面都能给孩子提供专业的指导，需要特别关注以下几项能力的重要性。

1. 学习习惯的养成期

7~12岁小学阶段，很多父母会坐在孩子旁边盯着孩子做作业，如果作为父母，一方主张盯着，另一方主张不要盯，还会因为教育孩

子的方式不同，引发家庭冲突。在这个阶段，我想特别友善地提醒父母，不要盯，设定时间让孩子独立完成目标，孩子在一年级的专注力只有15~20分钟，每次学习15分钟完成一个与孩子能力相匹配的小目标就可以休息一下，我了解到很多家长一盯孩子学习，就是半小时、一小时，甚至更久，把孩子折磨得痛苦不堪，遇到孩子学不会，还会对着孩子大吼大叫，这种做法是不利于形成孩子学习习惯的。

课前预习、课上认真听讲、课后复习三个关键动作一定要坚持好。课前预习可以知道老师上课讲什么，心中有期待，容易上课专心听讲，上课跟着老师的节奏走，老师重复的、敲黑板的、声调提高的都是需要孩子重视的重点，教会孩子听讲的基本动作，而不是反复说"认真听讲"，孩子对这四个字完全没有感觉，怎么落实到行动上，指导孩子的做法要具体，不能"假大空"。课后复习巩固知识点，容易形成更牢固的记忆。会学习比学习知识更重要，习惯好，比盯着孩子更有用。

2. 学习能力的奠基期

学习能力除了包括专注力、记忆力、理解力等能力，还需要关注学习节奏和学习方法。每个孩子的基础不同，有的孩子幼儿园阶段就超前学习了，所以一开始表现会比其他没有超前学习的孩子省力一些，但是也会造成在学的知识对孩子没有吸引力，有的孩子会觉得都会了而不专心学习，长期来看也未必是好事。还有的孩子专注力的确会有些问题，比如，出现注意力缺乏多动障碍，听课注意力就会不集中，也需要引起父母的重视，及时训练提高，不然这样的孩子学习成绩就会受到影响，进而也会影响学习信心。记忆力和理解力可以通过多读书、多交流来训练，学习能力是可以逐步提高的，家长要对自己的孩子保持信心，并允许他按照自己的节奏取得进步。父母需要注意的是帮助孩子掌握不同学科的学习方法，语文怎么学，作文和阅读理解怎么提高，这些多听听专业人士的建议的确是有用的，数学多练习计算，英语多听多讲多积累单词，每天坚持练一练，记一记，日积月累，可以打好学习基本功。

3. 阅读习惯的稳定期

阅读到底什么时候开始？很多家长会关注这个问题，很多家庭里面，绘本阅读从很小就开始了，这样的孩子起步早，字认识得也早，理解能力也会相对强一些，但是是不是就自然过渡到自主阅读了呢？也未必都是如此，有的孩子并没有因此爱上阅读。**阅读习惯最好的培养期是二三年级**，那时候孩子认识的字已经比较多了，加上拼音已经学习过，可以进行自主阅读了。

多长时间才能形成稳定的阅读习惯？ 答案是5个月，大脑科学家的回答是144天左右。如果你想培养孩子自主阅读的习惯，只要坚持一个学期，就可以看到明显效果，刚开始可以从15分钟开始，慢慢加长到每天30分钟就可以了，也不需要太长时间。选择孩子喜欢的图书进行阅读习惯的培养，孩子因为感兴趣更容易沉浸进去，这样慢慢扎实地培养，如果每周或者每天能跟孩子简单交流一下阅读心得，孩子的成就感就会更强，沟通能力也会增强，词汇量也会更丰富，可以说益处多多。

4. 写作能力的培养期

三四年级是提升写作能力的关键期，但是不用担心，二三年级培养的阅读习惯，写作能力离培养成功就只差一半了。培养写作能力一开始跟阅读一样，让孩子选择自己喜欢的内容写，班级趣事好玩就写班级趣事，旅游有趣就写旅游，蚂蚁搬家好看就写蚂蚁搬家，怎么感兴趣怎么来。这个阶段，父亲找一些小学写作的书看一看，借鉴一下书中的方法，再指导孩子把细节写好。我是不主张背范文的，会约束孩子的创造力，也就让孩子对写作失去兴趣，写作哪怕是不背诵范文，写得多也会有很多灵感，完全不用担心孩子不会写。

5. 运动能力的训练期

在小学阶段帮助孩子找到一项到两项运动爱好，对父亲来说，责无旁贷。带他去尝试各种运动，如踢足球、打篮球、打网球、打乒乓球、跳绳、攀岩、跑步、游泳……所有的运动都去尝试一下都不为过，不要过分关注孩子要中考体育考试，就训练考试的那几项，孩子没有体育爱好，到了初中阶段，青春期的他情绪波动和体内激素变化没地方发泄，就会变成亲子冲突。早点培养运动能力，养成运动习惯，也是为青春期做准备。到了青春期再培养就比较难了，叫也叫不动，理也不理你，父母就只有生闷气的份儿，要不然就是批评他，制造更多的亲子矛盾，得不偿失。

6. 社交能力的发展期

过了幼儿园的社交启蒙阶段，小学阶段的社交能力变得更加重要，孩子在这个阶段也需要朋友和玩伴，虽然不及初中阶段明显，但是社交能力也决定了在初中阶段，他能不能找到适合自己的好朋友，并友善地相处。教育孩子如何识别并与适合自己的朋友交往，是父亲要做的一项功课。

我记得孩子小时候彬彬有礼，突然有一天回到家满口脏话，他还在那里炫耀，我就狠狠地批评了他一顿，并且告诉他说脏话不好。小学阶段说脏话，基本是跟其他同学学来的，虽然不知道是什么意思，但是觉得说脏话很刺激也很好玩，绝对不能让脏话变成孩子的口头禅，要尽快帮助孩子有意识地拒绝说脏话。

如果孩子在小学阶段的社交是没有边界的，那么他就会在关系中变得比较随意，一方面是容易突破边界，跟其他小朋友起冲突；另一方面也容易因为没有边界而造成不必要的语言或者身体伤害，需要引起父母的重视。万一出现问题，作为父亲也要问清楚情况，不要盲目判断，对孩子加以批评教育，如果没有弄清事实，容易适得其反。

父亲的技能优化：闭上说教的嘴，迈开行动的腿

这个阶段具体怎么做？少讲道理，多以身作则，榜样的力量是无穷的。

1. 注重身教，减少说教

孩子学习的时候，爸爸在他旁边工作，这种状态就是给孩子一种：你回到家要做作业，爸爸上班的时候没有做完的，也拿回家来做工作，但是我们是相互陪伴，又不互相打扰的。这样一来，既给孩子展现了专注工作、完成目标的习惯，又在孩子旁边展现了读书的学习

习惯，父亲本身还是个榜样的角色，这样孩子如果在小学阶段养成了好习惯，那么对于他今后的学习来说就很顺手了。

2. 正面管教，避免打压

举个例子，老师打电话来告知你，你的孩子上课睡觉，然后等孩子回到家，你对孩子讲：今天班级几十个人里，你居然能在老师上课时睡得着，你真是太爱自己了，我很欣赏你会如此照顾自己，你累了就打瞌睡，你困了就睡得着。先来一个肯定，再来一个彼此的觉察，让孩子讲清楚事实情况，其实，在我们问孩子的时候，孩子自己就会有答案。当老师告知我们，我们的内心一定有情绪，但我们得深呼吸克制一下，有技巧地与孩子交流，要知道我们此刻的对待方式与话语，会影响孩子未来成为的样子！

3. 多用鼓励，少用评价

孩子遇到一辈子善学习、能进步的父母是一生的助力与滋养，同样遇到会鼓励、会欣赏孩子的老师也是一生的荣幸。我记得，我的小学有两个班级，一个甲班，一个乙班，乙班的班主任老师不会讲普通话，好像对学生也不是很关心。我在甲班，班主任是语文老师傅老师，她一是会讲普通话并和我们讲普通话，二是很关心我们的生活，三是善于鼓励我们，她不会打击我们，更不会给我们贴标签，哪怕有时我的成绩考得不太好，她也会鼓励我，让我继续努力，争取下次有进步！我拥有一口比较标准的普通话以及在学业路上不断登高，保持终身学习与探索的兴趣与能力，除了有我母亲这样的好榜样，再一个就是傅老师带给我的帮助，一生的感恩！

💕 13~18岁：作为好朋友，能坦诚交心

　　学习上，栋栋进入小学四年级之后学习成绩开始落后，在班级近30名同学中，他成绩的排名总是班里倒数5名里的，好一点的时候也在倒数10名左右，那时候，班级开始排名，老师也特别注重自己班级学生的名次，每次考试后或家长会中，他经常会被点名批评，他的自尊心遭到了很大的打击，提不起学习的热情。但是我和太太没有逼他，更没有和老师一起去打击他、否定他，客观上，这几年我在他身边的时间也很少。在栋栋成长的过程中，他是多么可爱的、乐观的、阳光的孩子，他是被所有亲友如此喜欢与爱着的一个孩子，怎么可以被如此对待？怎么可以在这样的学习环境中成长？我在理性地综合考虑了他的成绩和性格之后作出决定，与他交流并获得全家人一致通过，给他选择了初一到上海开始进入国际学校的学业路径，本科直接选择国外大学，2023年他在英国华威大学取得哲学博士学位，今年他继续在英国做博士后研究，我很庆幸自己当时做出了这个正确的选择，保护了他一生的学习热情与探索精神，果断地选择了适合他的国际学校升学之路，并送他出国留学。前几年，栋栋对我说："老爸，我的学业成长之路，是人生最正确的决定之一，感谢您帮我做出适合我成长的正确选择！"

　　他在国际学校上学的时候，下午16:30回来就没作业了，他喜欢打篮球，就让他去打篮球。初一阶段全英文授课，他一开始有点不

适应，第一学期下来ABCD的成绩段连一个A都没有，B大概也只有一个，我说："你是否不够努力？"他说："我上课听不懂老师的英文。"

在征得他的同意前提下，我在第二学期着重对他进行了辅导，两三个月之后，单元测试就开始有一个A了，B多一些了，后来他慢慢能听懂了，从那时候开始，学习上就没有管过他，初二开始也没再上过任何的补习班，没管过他的作业，因为全英文我不是很懂，他母亲也不懂，他得自己去搞懂。现在想一想，虽然孩子学习节奏慢了一些，在小学的后半段吃了学习成绩的苦，但是在学业上他保持了自己的节奏，保护了学习热情，后来也才能一路升学至博士，并越来越喜欢学习。这比什么都重要，这是我的切身体会。

父亲的专业考验：13~15岁，需要悉心应对青春期

13~15岁初中阶段，孩子会逐步进入青春期，孩子会有生理上的一些变化，父母都是要关注的。那时候我也问我儿子，你们生理课上了些什么？他说老师随口说了几句，什么也没讲，那我在想这怎么行呢，认识不清楚他好奇的话，他会去私下研究的呀，跑偏了怎么办？我就在我儿子十二三岁的时候刻意带他去泡澡、搓背，让他知道男人的生理发育期的变化是怎么回事。一是要注意清洁卫生，二是要知道男人都会经历这个阶段，不要自己一个人羞于启齿，又不知道怎么

办，那不仅因为不懂徒增烦恼，还特别无助。当然女孩子，母亲会关注多一些，道理也是一样的。

青春期，真的是女生要和母亲成为闺蜜，男生要和父亲成为好哥们。

我还会主动跟儿子进行一些交流，跟他交心做朋友，主动跟他分享自己年轻的时候怎么交朋友，讲真实的故事，不要让他觉得自己又在讲道理，讲道理到了初中这个阶段对孩子而言还是比较厌烦的。我会讲我青春期的时候，有收到过女生的小纸条，反问他：你这么帅气，有没有收到过小纸条？你有没有觉得乐意相处的女生同学？他在情感上也有些大大咧咧的，我后来看见他有一盒小纸条，完全都没有打开过，我就在想这儿子也太大条了，估计也是不会处理吧。我也不能直接问他，他不说，我不问，这事儿就过去了。

初中阶段，孩子们自我意识也强了，进房间后关起门来，不敲门，不经过同意，不能随便进去。那个时候，如果你不能和他作朋友，关系隔阂就来了，如果沟通再有问题，成绩方面再有争吵，孩子就叛逆了，我对情感的觉知力还行，也比较注意跟孩子的交流，所以我儿子的青春期几乎没什么特别明显叛逆的表现。除了有一次，大概是一个星期六的晚上，大半夜了他还在玩游戏，我就起来发了"大火"，差点要把他电脑摔了，正准备揍他，我太太用力把我们拉开，就没动手。但他也辩驳了一句，他说："打游戏是我们的社交方式也是和同学交流的方式，他们都玩游戏，我不玩就很不合群。"太太拉着我，我气也慢慢消了，那一会儿我感受到他14岁左右的身体，似乎不能随便被我压制了，好像也有男子汉的力气了。我心想这小子好像变成个小男人了，有点阳刚气了，真打他，他如果还手，还真的可能会陷入两败俱伤。打孩子是很大的伤害，再怎么生气都要克制，很庆幸我太太拉牢了我，没有打下去，不然真的是后悔莫及。

父亲的技能升级：16~18岁，保持共情力，给足信任感

还有一件事，我也记忆犹新，让我重新反思了跟儿子的关系。有一个好朋友，有次在聚会中他说："老哥，你说说你儿子有哪些是你欣赏的优点？"我居然一下子停顿了两分钟，想不起他有什么特别明显的优点，感觉小子好像也就七八十分，还有很多进步的空间，没什么我特别欣赏的优点。我这个朋友接着说："老哥，你孩子都已经是高中生了，迟疑了这么久，你也没说出什么具体的优点，不应该啊！"我一下子好像被当头棒喝了一顿，说明我平时都没有关注到孩子的具体的长处和优点，一直在跟他提要求，希望他"百尺竿头，更进一步"，给孩子的肯定太少了，更谈不上欣赏。父亲和儿子的关系很微妙，父亲既希望儿子超过自己越来越好，有时又像如来佛的手掌翻过来去压制他，批评他或者指责他还不够好。

儿子内心也希望超过父亲，回望我自己做儿子的时候，老爸也经常打压我，我内心也暗暗要独立，要自强，我要比老爸更棒，这种声音一直在内心深处，不会说出来，但是一直有这种念想。对一个男孩

来讲，他的内心既想超越自己的父亲，又有点那种不自信，这个阶段男孩子的心思比较微妙。

16~18岁的高中阶段，这四年在领科教育住宿学习，每星期五晚上接儿子回家，每星期天晚上送过去，我们一家三口就在车里，来回的路上与儿子谈音乐、谈艺术、谈专业、谈朋友、谈比赛、谈情感，反正无话不谈，来回都是40分钟左右，是一家人情感交流最美好的时光。我想，这就是高效陪伴吧！

栋栋初中在上海中学国际部读书，是美国课程体系，到高中转到上海师范大学剑桥国际中心（即现在的领科教育）是A-level英联邦课程体系，每一次的转学都有半学期至一个学期的适应期，一下子又要交新同学，又要面对很大的陌生感，包括大学到英国第一学期也是有一种相对孤独感，又要适应新环境，又要交新朋友，第二学期开始会好一点，所以在公立学校读小学时栋栋不说是"差生"，但也是排名后面的了，三年级之前还好，四年级之后，我在上海了，就没怎么管，也不知道他具体的各科成绩情况，一两个月见一次面就连带他玩的时间也比较少，期间的作业这些都是他外婆在管的，初中的成绩处于中游，高中前三年的成绩中间偏上，最后一年冲刺，还可以，也就这个成绩。

在高中其实很多时候都是他自己做主了，高中他说他想读文科，我心里想，确实说话交流是你的特长，文科应该是对的，我对他说："理工科和实验室搞研究你也可能坐不大住。"**我只是把把大方向，选择上还是要尊重孩子自己的喜欢。**

18岁的生日那天，我和太太在一家咖啡店里预定了带投影仪的包厢，和栋栋还有他的两位同龄亲人一起搞了一个蛮有仪式感的生日纪念，我悄悄收集了他出生以来每一个阶段的有代表性的照片，配上音乐剪辑制作成视频，同时通过沟通邀请了三十多位从他上幼儿园开始每个阶段对他有帮助和关心的亲朋好友及老师，有些还生活在国外，我邀请他们每个人录了小段视频，包括我和太太及他的外公、外婆、爷爷、奶奶、姑姑等对他的祝福，合集编辑成一个大视频，将这两个视频送给他，作为他的生日礼物，当我们点上蜡烛，播放这些视频时，我看到栋栋的眼里闪着泪光，他挺感动的。我在情感方面是比较敏感和细腻的，我觉得孩子的成熟不会是突然之间发生的，他在不同阶段的人生成长之路也会遇到这样那样的挑战，甚至困难挫折，如果身为父母的我们在孩子的内心永远根植下父母对他是无条件的爱的种子，那么无论他遭遇何种风吹雨打，他始终能感受到我们对他的爱与祝福，他的生命力量终会屹立不倒！我们把孩子的成人礼以及每一个重要的纪念日做出仪式感，将会给孩子一辈子留下美好而珍贵的记忆，陪伴他行走天涯、成熟成长。

💕 18岁以后：做好孩子的人生顾问

当我为儿子办完18岁的成人礼，我就告诉自己，作为父亲，我的监护责任在法律层面已经完成了，接下来的所有重要决定都必须由我儿子自己来完成。尽管很多时候，潜意识里我都想帮他做更多我自认为更合理的决定，但是，我知道，我不能越俎代庖，更不能违背他的意志，包括他未来读硕士、读博士，选择什么样的学校和专业，选择跟谁结婚，甚至是不是结婚，选择从事什么样的工作，我都不能代替他做出决定。我作为一个父亲，应该约束自己的行为，学会在孩子的世界里得体地退场。

当然，我也看到不少自己事业很成功，权力不小的父亲，并没有退出父亲应该退出的"领地"，依旧试图插手甚至掌控孩子的一切。小到孩子生活日常，大到恋爱结婚，都要严控严管。遇到这样的父亲，我就在想，你这么费心操劳，不一定能换来孩子的感激和理解，还有可能埋下更多痛苦的种子。

父亲的退出：这件事，你可以自己决定

回想上大学的时候，我儿子拿到了英国伦敦政治经济学院的录取通知，最后因为英语的写作小分没有到7分（综合8分），选择了英国华威大学，对他的内心而言肯定是有一些打击的，所以他硕士毕业后

说要读博士，当然也因为当时他也遇到一个好的导师，他讲的东西我儿子特别感兴趣，想跟着他读研究生，在英国读研究生时间压得比较紧，一年多一点，然后继续申请导师的博士研究生就成功了，我问他为什么读博？他说："老爸我总要超过你，我读博士学位这一点就比你厉害了。"说明他内心是很渴望超过自己老爸的，要比老爸厉害，是每个男孩子潜意识里的目标。另一方面也弥补当年这么好的"伦敦政经"没进去，学术上他去攀登高峰，也是他学习能力的证明，能达成也是很不容易的，就如他有一个学长是在浙江大学硕士毕业再到华威大学读博士，读了三年，论文总是写不出来，最后还是退缩了，很遗憾读了三年居然放弃了。也是很巧，就在开始写这本书的时刻，有一天早上接到儿子的消息，他说他的博士论文答辩一次性通过了，只要稍微再修改几个地方。作为父亲，听到这个消息很高兴，就情不自禁截图发了朋友圈，结果他马上说："你没经过我的同意，截图发朋友圈，我不认同你的做法。"我想了想，尊重他，我就删了。他说："我跟你说过很多次，你发我的东西都要经过我的同意。"我真的惭愧，太喜悦就得意忘形了，还得经过他的同意。**这被他一说，我这父亲也很没面子，但是孩子大了，的确需要尊重他的意见。**

当然说像爱丁堡大学的录取通知这些他都是拿到的，并且栋栋可以选择就读，他对我说："老爸，我已经达到了世界前二十名大学的目标（当时该大学在QS世界大学排名[1]是第17位），只是我不愿意去

---

[1] QS世界大学排名（QS World University Rankings）是由英国的国际教育市场咨询公司Quacquarelli Symonds（简称QS）发布的年度世界大学排名。

这么冷的地方，因为爱丁堡在爱尔兰，是当地排名第一的大学，所以世界排名才这么高，华威大学的社会学系挺棒的。"我说："行，你觉得谁厉害就厉害！"

以我当时的认知来讲，读本科先选大学排名，其次再选专业排名，儿子和我说："老爸你这是不对的，按国外一般选择标准来讲，专业才是首选，大学排名次选，你们国内这种爱面子什么的，确实会如此选择，举个例子，如哥伦比亚大学研究生很多，但其实哥伦比亚大学有些研究生专业排名不怎么样，主要是为了赚钱的，所以哥伦比亚大学本科是厉害，研究生有些专业是很不厉害的。有些人在这一点上他们就要这个面子，看大学综合排名啥的。"我觉得，这些无关对错，只要是儿子自己做的决定，我尊重他！我只是做"顾问"，不能而且也不允许我帮他做决定。

儿子又说："我再总结了一下，在专业的问题上，我觉得是这样理解的，其实大学是看本科，研究生是看专业的，博士生是看导师的。"我很认同他的想法。在高中的时候，我有建议栋栋可以去美国读本科，结果他选了A-level，去英国了，在要读研究生时，我又和他说："我建议你可以到美国去读。"他说："英美体系有所不同，本科与研究生要一脉相承，还是在英国，又要读到博士。"我说："这下你可以考虑去美国了吧。"他说他研究生的导师很厉害，要跟着他读博士，我还是尊重他的决定。对于去美国的建议，我是觉得作为世界第一大国第一强国，总要去看看么，后来我想，人生成长是一辈子的学习与探索之旅，说不定他什么时候就去美国做访问学者了呢，也是有机会去体验的，我们做父亲的，有时候好像觉得自己的观念、选择、建议比较对、比较好，时不时地会在潜意识里面要强加给他。还是要多觉察与反省自己，放下我的执念，老天自会安排，**尊重儿子的决定，他的人生路，让他自己走。**

父亲的专业修炼：18 岁以后，不问不顾，有问才顾，关键决策不干涉

尽管自己认为孩子大学之后父亲要做顾问，孩子没来问你少指手画脚，但我有时候微信沟通中仍然会有一种"指导性"惯性语言，尽管在不断地觉醒，不断地觉察，当然比以前是好多了，儿子也是这么表扬我的。

18 岁之后，我感觉很多父亲对孩子的影响其实有很多已经达不到以往的效果了，在青春期可能没有过渡好，所以青春期过去之后可能父母说的话孩子已经不怎么信也不怎么听了，在青春期如果过渡得够好，到了顾问的阶段，其实父母是能够发挥更多价值的。这个时候父亲可以智慧地"示弱"一些，孩子已经成年，应该有担当、责任、勇气、自信，要培育与加强孩子这些素养，父亲们只需要做好孩子的顾问，不能强制他做什么。顾问是有进有退的，好的顾问就是问问题，引导他自己主动找到他的答案，而不是直接告诉他答案，问问题当中，同时也需要适当示弱，比如说"老爸也搞不清，你倒想想应该是如何才好？"其实你可能心里有答案，但不一定要直接告诉他。

18岁之后的顾问，是父亲面向孩子或者父母面向孩子的，第一个是我给你提供学业的规划，我帮助分析选什么学校和专业，然后我尊重你的选择。第二个是职业的规划，你想从事什么行业，从事什么岗位，我帮助分析，同样需要你自己做决定。第三个就是婚姻的顾问，你想过什么样的生活，你选择什么样的伴侣，大概会过什么样的生活，有初步的预判，但是依然由你自己决定。

18岁以后，父亲的手掌应该反过来托举孩子，叫"智慧手印"。父亲在孩子成长的过程中，除了父亲的基本职能之外，扮演的角色是伴随着孩子成长的需要，而不断升级变化的，父亲首先需要认识到角色的不断转换，其次是配合角色的转换改变沟通方式和教育方法，所以在孩子的成长之路上，父母需要跟孩子的成长进行同步的进化，才能合理地参与到孩子不同阶段的成长，更恰当地扮演好父亲的角色，成为一个终身成长的进化型父亲。

[第三章]

教育方法的修炼

天赋仅给予一些种子,而不是既定的知识和德行。这些种子需要发展,而发展是必须借助于教育和教养才能实现。

——前苏联教育家　伊凡·安德烈耶维奇·凯洛夫

♥♥ 父亲的困惑

在做教育的过程中，我时常也会困惑，这个时代父亲们到底应该跟孩子保持怎样的关系？依靠权威来跟孩子沟通肯定是很难的了，但是没有权威，孩子未免又可能骄纵，权威的度到底在哪里？孩子犯了错，到底打不打？不打不长记性，打了似乎效果也不持久，问题到底出在哪里？在对很多的问题反复思考之后，我总结了教育孩子的"四力模型"，帮助父亲们寻找新时代的教育方式。

父亲的迷失：父亲的权威还在不在

《颜氏家训》中《教子》篇有一段话是这么说的："父母威严而有慈，则子女畏慎而生孝矣。吾见世间，无教而有爱，每不能然；饮食运为，恣其所欲，宜诫翻奖，应呵反笑，至有识知，谓法当尔。骄慢已习，方复制之，捶挞至死而无威，忿怒日隆而增怨，逮于成长，终为败德。"大概意思是说，父母既要有威严又要有慈爱，恩威并举，子女才会心生敬畏，行事谨慎，从而产生孝心。我看到世上有很多父母，对子女不加教育约束，只是一味地溺爱，还不以为意。吃什么，干什么，孩子随心所欲，任意放纵孩子，该训诫的时候不训诫，反而夸奖；该呵斥责骂的时候，反而和颜悦色。等到孩子开始懂事了，他就认为理应如此。

等骄纵傲慢已经成为孩子的习惯了，才开始加以制止，就算对他们杖击鞭打，哪怕打死，也再难树立父母的威信。父母的愤怒与日俱增，子女的怨恨也时如此，等到孩子长大成人，最终会成为一个品德败坏的人。

《颜氏家训》中《教子》篇还有一段话是讲父子关系的，原文是这样的：

> 父子之严，不可以狎；骨肉之爱，不可以简。简则慈孝不接，狎则怠慢生焉。由命士以上，父子异宫，此不狎之道也；抑搔痒痛，悬衾箧枕，此不简之教也。或问曰："陈亢喜闻君子之远其子，何谓也？"对曰："有是也。盖君子之不亲教其子也。《诗》有讽刺之辞，《礼》有嫌疑之诫，《书》有悖乱之事，《春秋》有邪僻之讥，《易》有备物之象。皆非父子之可通言，故不亲授耳。

这段的译文我借用檀作文先生注释的《颜氏家训》给大家解读以下：

> 父子之间的关系要严肃，不可以过分亲昵；骨肉之间的亲情之爱，不可以简慢不拘礼节。不拘礼节就不能做到父慈子孝，过分亲昵就会产生放肆不敬之心。从有地位的读书人往上数，父子都不同室居住，这就是使父子之间不过分亲昵的方法；至于长辈身体不适时，晚辈为他们按摩抓搔；长辈每天起床后，晚辈为他们整理卧具，这些都是讲究礼节的教育。有人要问："孔子的弟子陈亢听到孔子疏远自己

> 的儿子，感到高兴，这是什么缘故呢？"回答是："这是有道理的。因为君子不亲自教授他的孩子。《诗经》里有讽刺君主的言辞，《礼记》中有自避嫌疑的告诫，《尚书》里有违礼作乱的事，《春秋》中有对淫乱行为的指责，《易经》里有备物致用的卦象。这些都不是父亲可以直接向子女讲解的，所以君子不亲自教自己的孩子。

古代的社会制度、文化礼节和家庭观念决定了父亲作为家中"一把手"的地位，因为对权威也做出明确的规定，我也时常跟父亲们探讨，我们是继续秉持家长制的作风，给孩子立威，还是跟孩子们打成一片，感受"兄弟相称"的快乐，我作为一个生于20世纪60年代末的家长，是很难做到跟孩子打成一片的，在孩子面前的"为父之尊"，时不时会从潜意识里影响我与孩子的相处，唯有通过我自己不断学习，不断觉醒，不断反省，逐步减少这种影响。

时代变了，我们不能按照过去的办法、传统的教育方式与孩子相处，这只会让我们和孩子的关系格格不入。我们需要和孩子之间相互尊重、相互沟通、相互协作，共同成长，去建立当代社会新型的父子关系，肯定要丢弃"父为子纲"那一套。但当面临普世价值观，为人的基本准则在面临诚实、善良的考验时，孩子犯了错，那肯定要展现父亲的威严，让孩子认识到错误，如果后果严重，还需要惩戒。这个时候需要父亲的威信，如果父亲一直是以身作则的，这时候不怒自威的作用也在，如果平时自己都做不到诚信，去跟孩子说教，然后还要立威，孩子肯定不吃你那一套。以身作则，就是最好的树立权威的方式，自己做不到的，不要说教，搬出老祖宗那一套，也是没有任何用的。

父亲的疑问：到底该不该惩罚孩子

我非常喜欢余华老师的作品，《余华散文》中有一篇写《父子之战》，我印象非常深刻，字里行间仿佛描述的不只是他们父子之间的故事，仿佛在写我和我的儿子。《父子之战》非常真实地描述了父子之间"斗争"关系的一步步升级，每个人似乎都曾经历过这样一段时间的亲子关系。

余华老师说，他开始惩罚孩子是从提高嗓门开始的，喊叫他时，孩子就会露出惊恐的表情，随着孩子慢慢长大一点，喊叫就会失去作用，余华老师就会变换惩罚的方式，把孩子抱到洗手间罚站，起初孩子也会哭喊着认错，久了反而在里面唱歌。再后来把他抱到门外，他刚开始也是害怕的，后来也习惯了，坐在楼梯上不声不响。再到后来，他就扯着嗓子让我揍他，到最后反而是自己无计可施。

余华老师讲完自己教育孩子的故事之后，书中写了一段话，我印象特别深刻：

> 我注意到我儿子现在对付我的手段，很像我小时候对付自己的父亲。儿子总是不断地学会如何更有效地去对付父亲，让父亲越来越感到自己无可奈何；让父亲意识到自己的胜利其实是短暂的，而失败才

> 是持久的；儿子瓦解父亲惩罚的过程，其实也在瓦解着父亲的权威。
>
> 　　人生就像是战争，即便父子之间也同样如此。当儿子长大成人时，父子之战才有可能结束。不过另一场战争开始了，当上了父亲的儿子将会去品尝作为父亲的不断失败，而且是漫长的失败。

　　看到余华老师写的这段话，我想起来儿子上初二的时候，有一天晚上快十二点了，我起来看到他房间里隐约还有光，我猜到他就是打游戏。当时火气就上来了，教训了他几句，他还顶嘴，冲上去就想打他。当时太太死命拉牢我，才没有打到他。我拉着他胳膊的时候，感觉到他的胳膊蛮有力气，真打他，那时候他青春期，脾气也暴躁些，他如果还手，我还不一定打得过他，肯定是非常难收场的局面。事后想想，幸亏没有打他，因为在那之前我也没有打过他，真地动手打过了，肯定会后悔的。因为我心里也知道，打他其实没有什么用，只是发泄怒气罢了，达不到真正的教育目的。

　　父母惩罚孩子，从一开始的吼叫，到逐步加重惩罚，到体罚，再到体罚也无济于事。充分说明了，惩罚并不能达到我们想要的结果，即使是著名作家，也要面对孩子教育的现实问题。做了父母之后，几乎都要经历这样一场亲子之间的"斗争"，尤其是父子之间，这种斗争更为激烈。

　　在这里特别需要提醒父亲们的是，父亲惩罚孩子的不良行为，不但不能制止这种不良行为的发生，还会助长这种行为的存在，尤其是青春期，孩子叛逆的时候。而且惩罚还有一个特别负面的作用，就是孩子也会学会惩罚别人，把它当作关系里处理问题的方式，这个惩罚的副作用往往是父母们很容易忽略的。

不仅是孩子，即使是我们成年人有积极的一面，也会有消极的一面，就像一辆高铁，如果两头的火车头都发力，你可以想象一下，你鼓励他、相信他的时候，积极的一面被激发，孩子会阳光，积极发现问题，找到方法，甚至激发创造力，每一个问题都尝试去打开一扇创造的门。而当你批评他、指责他，激发他消极的那一面，孩子会逃避问题，甚至假装问题不存在，消极面对，这会给孩子带来多少内在冲突和烦恼？你每天的每一句话、每一个管教行为，都会对孩子产生影响，就像在孩子的"行为银行"存取款，你每天是往孩子的账户里存款还是取款呢？

缺乏智慧的父母总是会把注意力集中在孩子的消极行为上，这样的情况甚至在学校里也时有发生。当父母或者老师把精力都放在纠正错误的行为上，一方面他们会表达出对孩子的失望，另一方面接收到"不良"信号的孩子，也会因为负面行为一直被强化，而更加难以改掉。很多父母常常会说，"我跟你说过多少次了，你怎么还……"当我们的目光都聚焦在孩子的负面行为上，并不停地提示他改掉，甚至用惩罚作为强制措施时，扪心自问，多少情况真的见效了呢？作为父母，你或许一直认为孩子"小错不改，必成大错；反复犯错，必有惩戒"是正确的教育方式，认为作为父亲，你的重要责任就是关注孩子的负面行为，并把精力集中在孩子所做的一切负面行为上，这样孩子就会很少再犯同样的错误，但事实上，这样做的唯一后果就是助长了孩子的这些负面行为。激发孩子积极行为的最佳策略就是把关注点集中在他们的积极行为上。那么要如何纠正孩子的负面行为，作为父亲，我们又如何把关注的焦点转移到孩子积极的行为上，而不是用错误的方法去强化负面行为呢？答案就是寻找惩罚的替代法。

我做家庭教育指导，经常会听到一些父母崩溃的心声。

孩子不爱学习，全靠日常督促，上班累死累活，下了班还得督促学习，苦不堪言。

写作业拖拖拉拉，一点作业短则半小时，长则一两个小时，明明很快就可以写完，偏偏耗在那里，让父母特别崩溃。

明明字可以写好，写得却跟一堆草一样，自己的内心好像驾驭了一匹嘶吼的野马，又像是遏制了马上要喷发的火山。

……

遇到这种情形，父母吼也吼过了，骂也骂过了，打也打过了，但是孩子的变化始终不如人意，甚至，孩子喜欢打篮球，你就禁止他打篮球；孩子喜欢画画，你会让他放弃画画；孩子喜欢跳舞，就停了他的跳舞课……孩子喜欢什么就惩罚他不让做什么，用惩罚和剥夺感促使孩子改变。

为什么惩罚没有达到最终的目的，你有没有想过，惩罚就是惩罚，他跟你要的目的本来就没有关系啊！是你要强行建立惩罚与你希望的孩子行为之间的关系，这本来就逻辑不通啊！

但是你可能没有想到，惩罚会带来很多的负面影响。我看过一本关于孩子大脑的书，书名就叫《孩子的大脑》。书中有一段关于惩罚的内容，其中讲到了惩罚的负面效果，我觉得写得特别有道理，这让我思考了惩罚为什么短期是有效的，而长期却没有效果，甚至有负面作用。

第一种负面结果是教会孩子把惩罚别人作为一种有效的关系形式。可是惩罚一个任性的孩子有什么好处？对不能去做自己喜欢的事情的孩子又有什么好处？对父母有什么好处？完全没有。孩子根本学不到任何东西，除了产生以下想法：当我感到沮丧时，我可以去打击别人，当被打击者也感觉不好时，打击者自己所受到的部分伤害就会得到修复。我不知道你会如何评价这种想法，但至少对我来说，这与我想传递给孩子的价值观，与我想要他真正去做的事情相去甚远。

第二种负面结果是引发孩子的内疚。一般来说，当孩子开始哭泣或让他感觉不好的时间足够长的时候，父母对孩子的惩罚就结束了，在孩子哭泣、放下尊严或请求原谅的那个当下，父母往往就会解除惩罚。这样一来，孩子很快就学会了：当他对自己的负面行为感到难过时，父母就会原谅他，并且会像以前那样爱他。这个机制如此简单可怕，是孩子感到内疚的根源，并且这种内疚会伴随很多人的一生。如果你认为以上后果不算什么，那么我要告诉你，惩罚并不能阻止孩子的消极行为，也就是说，孩子会继续从打击别人这个不良行为中获取快感。这就是为什么提前设限比惩罚更有效的原因，限制与规矩所起的作用正是防止不良行为的发生。

第三种负面结果也是影响最长期的负面结果，就是影响孩子的

> 自我认知。当孩子因不服从而受到惩罚，或者当我们说他不是乖孩子的时候，他的大脑就会利用这些信息形成一种"自我概念"，每当我们对孩子说出任何以"你是"开头的话语时，孩子的大脑就会把这些数据保存在大脑中一个叫作"海马体"的部位中，这个部位负责储存关于世界和自身的所有知识，它将影响孩子在生活中做出的每一个决定。如果孩子认识到自己是勇敢的或听话的，他会继续按照这样的认知来行动：如果他的父母或老师所传递的信息让他认为，自己是一个不听话的孩子，那么他也会按这样的人物设定继续不听话下去，那些知道自己不听话、任性、自私或懒惰的孩子，他们别无选择，只能在知道自己这些特征的情况下按照这种人物设定来行事。因此，几乎没有什么惩罚能够像负面批评那样，在孩子的大脑里留下深深的烙印，并且给孩子的自我认知以及自身潜力造成如此大的伤害。

我经常把上面这段内容，用自己的话讲给很多父母听，他们可能从来没有意识到，原来自己正在坚守一个错误的认识，并使用错误的行为来帮助孩子改正错误，以此帮助孩子形成积极、正确的行为。但是事与愿违，这个错误现象在很多家庭里反复循环，令人痛心。作为智慧的父母，有很多惩罚的替代方法可以帮助父母纠正孩子的错误行为，而不是强化孩子的错误行为。

1. 目标导向

惩罚是为了帮助孩子改掉错误的行为，也就是消除错误，但是很多时候，惩罚仅仅是惩罚，短期看孩子的错误行为好像改了，但是没几天就又"复发"了。所以我们的目标是不是应该放在如何建立这一行为的正确行为上，而不是以消除错误行为为目的？

我给你描述一个场景，当孩子写作业的时候他磨磨蹭蹭，一个小时写了10分钟就能完成的作业，这个过程中陪伴孩子的父母会从和颜悦色到血压飙升，从表情温柔到面目狰狞，你的潜意识里或许有无数个念头飘过："这么简单的东西他都不会，我智商这么高，这孩子是怎么回事；这么点作业做了这么长时间，我一天上班这么累，下午还挨领导训，此时此刻只想休息一下，你这个"熊孩子"却在这里浪费我的时间；我的方案还没做完，晚上还要加班，我的熊孩子啊，你能不能快一点……"虽然你没有发作，什么也没有说，不代表你暗流涌动的情绪不存在。所以当你认为孩子磨蹭不对的时候，你会大吼大叫，甚至动手，理所应当地把情绪发泄在他的身上。他确实磨蹭，你看到的是真的，但是，你的情绪也是真的，你看到了吗？这个时候，你有没有意识到，自己错了呢？我想很多父母是意识不到的，他们理所当然地认为是孩子错了，自己只是怒其不争罢了！

如果我们内心锁定的目标是希望孩子不要磨蹭，那么我们首先可以观察孩子做作业磨蹭是因为不会做，还是不想做，还是像你一样累了一天也想休息会儿，还是孩子觉得作业多有厌烦情绪，还是什么其他原因。找到原因之后，第二步就是寻找解决方法，如果不会做，那么父母就需要耐心地教几遍，记得要不带情绪地教几遍，如果基础不好，可能后面的一段时间还需要巩固薄弱的内容，如果是不想做，那就休息10分钟，干脆调整一下学习的节奏，如果休息10分钟，孩子能在半小时内做完作业，那也比磨蹭一小时进步了很多，对不对？如果是有厌烦情绪，那就问问是不是上课挨批评了，还是默写没写好，抑或跟同学相处不愉快，还是因为上课听不懂产生了厌学情绪……总之，多多关注孩子情绪背后隐藏的信号，这样孩子在你这里会得到支持，磨蹭的问题也会得到解决，因为背后的原因被你发现了，至少这个问题产生的磨蹭，在坚持一段时间的调整之后就不会发生了。但是，如果你的目标不明确，仅仅是对磨蹭付诸了惩罚，那么磨蹭的孩子这两天因为你的惩罚不磨蹭了，过两天又会磨蹭起来，因为磨蹭的原因始终都还在那里。很多父母，针对孩子还会讲一些无用的道理，孩子怎么会听的进呢？那些道理跟他的原因十之八九也不沾边，孩子还是会觉得你压根就不懂他。讲道理久了，孩子也会觉得听腻了，于是你跟孩子的无效沟通也会产生，到了青春期，就更难沟通啦！没有一个孩子爱听父母的大道理，你作为下属，愿意听领导天天给你讲一堆大道理吗？设身处地，也不是随便说说的，孩子需要父母帮助他认识到自己的目标，需要学会一些具体的做法，而不是听一堆道理。

  当你想要惩罚孩子的时候，记得想一想你惩罚的真正目的，如果惩罚不能达到这个目的，那么请稍微停顿一下，想一想，要实现你要的目标，需要用哪些更有效的办法。当然，还有一个更优解，就是你想要的目标能不能跟孩子想要的目标保持一致，那孩子会有内驱力自己做好，也就不需要你的惩罚了。如果你希望孩子不磨蹭，而孩子快点写完作业可以跟你一起折纸飞机的话，那他也许自己就会快一点啦！如果你希望孩子不磨蹭，在出门的时候，抱起他，然后让他抱上他正在摆弄的玩具，他大概率也不会哭闹，他磨蹭也许是因为你之前一直不让他带玩具出门，他此刻磨蹭就是不想放下玩具，有对玩具的分离焦虑而已。如果出门是为了去公园玩，那带上玩具一起去玩，一家人也会更开心啊！孩子会有被惩罚的错误行为存在，是不是根本上也是因为与孩子的目标不一致产生的呢？

2. 正确示范

我们在惩罚孩子的时候，时常忘记我们惩罚他，是为了让他做出一些我们认为正确的行为，甚至有的时候惩罚仅仅是为了维护父亲的权威，发泄母亲的情绪，我们惩罚完了孩子依然还不知道怎么做。

当父母大吼大叫着说："你要好好学习，专心听讲"，孩子是一脸懵的。请问父母们：什么叫"好好学习，专心听讲"？怎么做才算好好学习？这四个字太空洞了，绝大多数孩子对它是茫然不解的，在孩子的方法体系中，都没有一个体系支撑你说的好好学习。还有什么是好好学习语文、好好学习英语、好好学习数学……每门课的学习方法也是不同的，试问孩子怎么能听懂你理解的包罗万象的"好好学习"呢？孩子只能在你的威严恐吓之下，态度上看起来谦恭恐惧罢了，第二天他会怎么做呢？他什么都不会，他还要消化你昨晚下的"瓢泼大雨"。

孩子一段时间能做的事情最好只有一件，比如专心听讲很重要的一个行为是记笔记，那么你可以教会孩子如何听课做笔记，自己也和他一起听网课，一起做笔记，然后展示给他看。也可以问老师要一两份其他同学做得好的课堂笔记，发给他看，让他知道课堂笔记做成什么样子，对他学习成绩的提高和集中注意力有什么帮助，鼓励肯定他每天坚持做的笔记，一段时间之后，他就可以比之前听讲更加专心了。

我经常跟父母讲，父母要以身作则，其中很多的行为模式，也是如同记课堂笔记一样的。以前我读书就会做读书笔记，现在年纪大了，不做读书笔记，好多内容根本记不住，好记性不如烂笔头，我现在的体会很深，读书笔记时常拿出来翻一翻，温故而知新。

还有一些孩子确实很固执，他犯了错之后往往会意识不到自己的错误，这也是很多父母大发雷霆的原因，父母常常说，这个孩子道理讲不通，打一顿就好了。比如学习这件事情，孩子可能觉得学习很枯燥，因而没有把心思放在学习上，那是因为学习对孩子的影响，要等到他成年之后或许才能显现出来，毕竟现在的衣食起居都是父母照料，生活质量也是父母保障，孩子意识不到参与社会竞争的残酷，也不懂得追求什么人生意义和价值，只觉得每天吃好玩好，就可以高枕无忧。每天去跟孩子苦口婆心地讲，学习多重要，无非是传递父母的生存焦虑罢了，对孩子来说就像天方夜谭，他才不理你的苦口婆心。原本教育孩子也不需要有怎么远大的规划，每天的单词记不住，默写会不会，考试成绩会不会理想，这些都会有自然后果。

每个孩子都会有自尊心，当他想要学会的时候，你们可以一起想办法。如果孩子的自尊已经被长期的平平成绩折磨得比较低了，那他更需要帮助，当你敞开心扉跟孩子聊的时候，会发现这样的孩子更需要父母的鼓励和帮助，他们对于自己成绩的无奈已经影响到他们内在的完整，找到切实可行的办法，提高孩子的自信，是父母和孩子要一起解决的问题，而不是说"学习是你自己的事情"，或者找个一对一辅导的老师了事，这只能是花钱安慰自己，未必有特别好的效果。在任何一门课程的学习上，掌握学习方法比掌握知识更重要。

如果你想帮助孩子改掉某一个错误行为，就要好好想一想，针对这个行为，正确的做法是什么，示范给他看，一点点帮助他坚持正确的行为。正确的行为就像一个小苹果，慢慢在你的呵护鼓励下就长成大苹果啦，再回头一看，孩子哪里还有什么错误的行为，早就不见啦！

通过这种有效的示范方式，让自己和孩子把注意力都集中在正确的行为上，这个方法看似很简单，但它非常强大，有时候即使是最有经验的父母也会忘记它。

3. 制定规则

作为父母，不要一提到后果，就马上想到惩罚，就像小时候我们的父母对待我们一样，这其实是没有必要的，我们的生活本身，其实已经铺排了很多场景，提供了很多机会，甚至安排了很多范本，足以让孩子懂得，哪些行为才能体验到让自己感受更好的结果。父母要做的就是不带情绪，制定规则，并根据事情发展的自然逻辑给孩子展示他们行为与结果的关系即可。

如果你的孩子玩腻玩具不喜欢收拾，就去接着玩其他玩具了，最后玩具放的到处都是，家里每天都是一片凌乱。作为父亲，你跟孩子说了好多遍，孩子都充耳不闻。面对这种情况，作为父亲，你可以制定一个规则，就是如果孩子不收拾玩具，那就把玩具收起来不给他玩，直到他收拾完手头的玩具，才给他拿出其他的玩具。

孩子不收拾玩具也不用惩罚他，就按照制定的规则执行，孩子会自然而然地适应，如果孩子不会给玩具分类收拾，可以教会他收拾归类，摆放玩具，慢慢孩子就学会了整理玩具。

制定规则的方法比惩罚更有效，并且会带来更少的负罪感。制定规则时记住要从积极的角度来考虑，当你发现慢慢需要用到惩罚的时候，就开始转变思路，改变规则，有可能规则不够合理，合理地调整规则帮助孩子把注意力放在你希望他做到的正确行为上。

4. 承担责任

我们想要惩罚孩子，还有一个原因是担心孩子的行为将来会造成对自己和别人的伤害，甚至惩罚是因为这已经造成了对别人的伤害。帮助孩子弥补错误，是比惩罚更有意义的教育方式。一旦孩子的行为造成了对别人的伤害，弥补错误是孩子学习对自己的行为负责的功课，这也是每个人学习成长的必修课。

我记得一个朋友给我讲过一个小故事。他的儿子在上幼儿园的时候，有一天快睡觉的时候，发现儿子口袋里装了一辆小汽车，在问过儿子之后，才知道这是学校的小汽车，因为同学们都在抢这辆小汽车，他一整天都没有玩到，所以最后放学的时候，悄悄装在口袋里带了回来。在他要求明天把小汽车带回学校，还给老师之后，没过几天，他又在儿子的口袋里发现了这辆小汽车，这位父亲就感到非常生气。第二天，他带着儿子来到学校，让他当面归还小汽车，并跟老师道歉，他的儿子站在幼儿园门口，大声地哭喊着，不肯进幼儿园。后来这位父亲跟儿子一起找到老师，归还了小汽车，并希望老师原谅孩子的行为。这位父亲让孩子明白了，每一样东西都有它的主人，可能是某个人的，也可能是大家的，不管是谁的，未经同意都不能占为己有。从那以后，孩子再也没有往家里带任何东西，从那以后就懂得了，不拿别人的东西是基本的行为边界，这是需要遵守的行为准则，不能够越界。有些行为，孩子做错了，需要自己体验错误的结果，并且承担应有的责任，了解到行为规则和做事边界，孩子会早早地建立责任心。

我是非常反对惩罚孩子的，在孩子上小学的时候，我和太太之间对孩子的教育问题也存在很大分歧，她有时候也会惩罚孩子，我现在非常理解太太当时面对孩子不良习惯时教育孩子的那种焦虑。她年轻又希望树立家庭权威，我当时因为对孩子教育问题的不同意见，有时会跟太太争执，现在想来，当时自己还是不成熟。

据我了解，存在教育分歧的家庭也不少，我们家也是万千家庭中的一个。作为父亲，回头总结自己的教育方法，初心也是希望能够帮助更多的家庭，选择适合的方法教育孩子，选择合适的沟通方式，达成教育方式的一致，这样有利于孩子的成长。

父亲的教育方法——四力模型

据我调查，家庭中常见的教育模式有下面这几种：

第一种是传统型，这类父母会认为父母怎么教育我，我就怎么教育孩子，张嘴就是我小的时候……孩子一有不服就大吼大叫，甚至上手打，非常不利于孩子的成长。

第二种是现代型，这类父母有了一些现代教育的认知，但是还不健全，迫于升学压力，会用功利主义的说辞教育孩子，直到孩子厌烦，或者屈服听而不闻，或者反抗不听不理，让父母无可奈何。

第三种是管束型，这类父母强调对孩子的控制和干预。父母制定规则和标准，对孩子进行限制和监督，一方面帮助孩子养成好习惯，另一方面约束了孩子的创造力。

第四种是赞赏型，这类父母强调肯定和赞赏孩子的优点和进步，"你真棒"每天要说三五十遍，目的是帮助孩子提高自尊和自信心，但是收效甚微。

第五种是合作型，这类父母强调和孩子之间的合作和互动，秉持互相理解和尊重的态度共同解决问题。

还有一种类型是自由型，这类父母自己工作本身比较繁忙，约束不多，孩子的性格、爱好和学习基本是靠孩子自己。

不同的家庭，父母有不同的做法，每一种做法都有利弊，建议父母们多读一些家庭教育的图书，融汇贯通，学以致用，在孩子的教育上虽然不一定都要"持证上岗"，但是学习一些科学合理的教育方法，对孩子的成长还是大有裨益的。

总结我的教育方法，核心在四个方面，分享给各位作为参考。这四个方面在我儿子成长的过程中，我认为非常关键，尤其是在他人生成长的关键阶段，比如，小学到初中选择国际学校、青春期教育、高中毕业选择专业，以及后来选择读研读博，都对他产生了很重要的影响。所有的教育方法，目的就是在孩子的内心种下一颗自我觉察的种子，不管是项目式学习、探索式学习，各种形式都是为了能够提出问题，启动孩子自己的内在觉察。

父亲会引导，孩子更有内驱力

为什么说我们需要引导孩子？不管是我们想激发孩子的创造力，还是说当孩子犯了错的时候，我们想告诉他正确的做法，都需要采用引导的方式。引导很重要的，就是要做好三步。

第一步，就是要仔细观察场景，保证你所知道的是事实。比如说，当你下班回家看到孩子正在打游戏，你是不是内心会想原来我一天不在家，你一天都在家里打游戏。会不会产生这种错觉？当你出门的时候，你看到孩子在打游戏，你这一天上班的时间是不是都会担心孩子在打游戏？如果你下班的时候看到孩子在写作业，你会不会认为就是在你下班之前的他才刚开始学习的？在孩子学习的这件事情上，父母天生就会有一种紧张和担心。不管实际情况是怎么样的，父母都有很多复杂的内心戏，所以在这种时候，我们能做的就是理性地去看待孩子的行为，以及你看到的所有场景，等你搞清楚事实之后，再做出下一步行动。不要在你推门的一瞬间看到孩子在打游戏，就马上来情绪训斥孩子，这就缺失了引导的前提条件——**在场景当中尊重事实，这是引导的第一步。**

第二步，那么接下来我们再来谈一谈如何引导孩子。比如说，如果是孩子在家的确打了超过约定时间的游戏，那么这个时候，你选择马上惩罚，还是选择冷静？我建议依然是先要和他获取认同，你可以问问他的感受，比如说，多打了一些时间的游戏，你是不是觉得更愉快？有没有担心被我抓到会被罚？你打的这一个多小时，打赢了几局？用这样的沟通方式先跟孩子形成认同。他不至于马上从心理上开始防御你，想要反抗来保护自己。如果他陷入了防御模式，那么你的惩罚只能加重他内心的不公，尽管他有错在先。而当你试图在他犯错之后，依然保持尊重，并且保持连接和认同，这个时候他会跟你分享，他打游戏打赢了几局，对方是不是个"菜鸟"，爸爸你能不能跟我一起玩？诸如此类的话，他的内心是平和开放的，他没有危机感。在这样的心理状态下再跟孩子去讲你想引导他做好的事情，比如，要守时。

第三步，因势利导，达成你想引导的结果，认识到错误，及时改正。在他分享完自己的体验和感受之后，你再问："你是不是没有遵守时间？"超时了应该怎么办？如果事先有关于超时的约定，那么就按照约定的来，比如说，多背10个单词，或者是多背诵一篇英语课文，或者是多做一页读书笔记。这是他对自己的行为负责的方式，他在接受"惩罚"的同时，能够保持接纳和认同的态度，就不会应付你让他犯错之后再做的事情，也不会因为受了惩罚而心存怨恨，形成父子之间的隔阂。还有另外一种方式就是引导他去守时。孩子玩游戏超时很常见，当然我不支持孩子打游戏，我只是讲生活中一个常见的场景，每个人在自己刷短视频或打游戏的时候，大家可能在一些关键的时间节点也很难突然到时间后就马上退出游戏，去做任何其他的事情，所以我们需要训练孩子的自控力。他如果准时完成了一件事情，或者打完了游戏，我们要对他给予一个"奖赏"，比如说叫作守时的奖赏，奖励10分钟。奖励的时间他可以攒起来，存入自己的时间银行，在未来去做自己喜欢的事情，这样也会让他觉得时间是值得存储的财富，有了珍惜时间的意识。这样的做法，有点像教练式父母，启发孩子自己认识问题，自己去调整行为，而不是强制。

我们不给孩子太多的标准和答案，让他自己探索自己对这件事情的感受，激发他认识事情的能力，激发内在的愉悦，愿意主动地做自己喜欢的事情，愿意主动地承担自己的行为后果，内驱力一点一点被激发出来。

父亲爱探索，孩子更有创造力

我们在引领孩子的时候，终极是希望他自己有创造力，就像栋栋讲的："我不善于学习知识，我善于创造知识！"我在激发孩子的时候，也被反向激发，父母同样也应该是有创造力的，这样他可以在未来去激发自己的孩子，如果他没有创造力让他去激发自己的孩子，我觉得也有点"邯郸学步"的意思。当父子两个，一起聊天互动和探索，灵感乍现就会是个有趣的创造过程，或许是彼此思想的升华，或许是一个科技想法，或许是一个金句段子，或许是一篇小说……各种各种的创造，都可以在相处中产生。

提到探索，大家可能想到的是，我们要经常带孩子去科技馆、博物馆及各种网红场馆打卡。去博物馆里看那些过往的伟大作品，很多也是古人创造的东西。这些很有必要，去认识我们所不熟悉的事物，从古代的生物、文物，到新的发明创造，去学习一些专业领域里的知识，开阔眼界。这只是我们探索世界的一种形式，但是探索绝不仅仅是这些，如果这样想的话，未免就狭隘了。

探索还有很重要的一部分，就是对自我的探索。探索自己的优势，探索自己的兴趣，甚至探索自己内心的弱点。栋栋上初中的时候，我想助力他的沟通与表达能力，就帮他报了卡内基训练的情商沟通课。后来他自己觉得有兴趣，他自己主动报了后面两次课程的志工学长。父母要做的就是创造孩子探索自我能力的机会，但不要强迫他，如果他说不去，那就不去了，也没有必要强制他发展，这反而会削弱他探索自我成长的积极性。

我非常支持孩子多去探索，探索没有边界。他有段时间对性格色彩感兴趣，自己关起门来学得有模有样，还分析我和太太的性格色彩特点，跟人说话一套一套的，别人还频频点头。包括紫薇斗数，有位学长指导他一下，他三天三夜就基本掌握了原理，然后给亲人试算命盘，别说还一算一个准。我也知道他是对这些有好奇心，他也不会拿这个去忽悠人钱财之类，他这个快速学习的能力和对新鲜事物的探索精神，我还是蛮欣赏的。现在所拥有的这些科学知识可能只能解释宇宙的5%~10%，还有很大的一部分是人类所不知道的，需要更多的人去探索。因为对外界保持探索的能力，孩子才会对外面的世界保持好奇心，会意识到自己的无知。如果我们认为外面的世界都是可见的、固定的，都是在我们的认知当中的，那他的眼光是非常局限的。毕竟人类作为茫茫宇宙当中目前已知唯一的智慧生物，他所能了解的宇宙也是非常渺小的一部分。浩瀚的宇宙正在等待人类共同去探索。探索精神让我们保有了人类最基本的谦卑，因为意识到了自己的无知，我们才会想要去学习更多的知识，掌握更多的技能，然后用它们去开发未知的世界。我们在开发未知世界的过程中，所有创建和创举都是创造力的表现。

　　回到具体的教育方法层面，我们如何去探索来激发孩子的创造力？在跟孩子的交流互动当中，尽量减少给出正确的答案、标准的行为和必然结果的动作。所有的这些都应该让孩子自己去完成，不要张嘴就说，"我教你"，把它换成"一起玩"，比如说，当孩子想去尝试搭积木的时候，他不一定非要按照玩具箱里给定的设计图；当他想去拆开遥控飞机的时候，不要试图去阻止他，说他破坏了玩具；当他勇敢地站上石阶，想要一个人走过去的时候，做好防护而不是牵着他的手。父母如果比孩子更惧怕孩子的失败，那这个被过度保护的孩子，他如何变得勇敢，如何能够拥有自己的探索能力呢？

父亲重体验，孩子更有欣赏力

作为父亲，欣赏孩子的能力是难能可贵的，父亲往往带着威严而与孩子之间形成"父为子纲"的关系，甚至把孩子当作自己的"下属"，这样说似乎有点夸张，但是现实生活里，当父亲指责孩子犯了错误的时候，所用的语言、所带的脾气、所发的情绪，无一不是权威在家庭里的全景呈现。对此，我们要提高警惕，这种关系已经不适合现代家庭，那是传统封建思想的遗留和家庭文明不够开明的体现。这会让我们对孩子，完全失去欣赏孩子的心理基础。

因为看到自然界的繁花似锦、自然界的大气磅礴、自然界的风景秀美，我们便学会了对大自然的欣赏。当孩子学会叫"爸爸"、学会走路、学会认字、学会弹琴、学会踢球……每一个进步，每一个技能的增加，都值得父亲投去欣赏的眼光，都值得父亲说出赞赏的话语。

"你这个三分球弧度很刁，也很丝滑，我竟然都没拦下来！"

"你这篇作文写了爸爸小时候被爷爷打的糗事，爷爷怒目圆瞪，一扫把打在爸爸的屁股上……写得就像你亲眼所见一样！真实中带着搞笑，你可真是个有趣的灵魂！深得老爸真传！"

"赛车出发的时候，网络有点卡，你落在最后，没想到三圈下来，你竟然跑赢了！厉害啊！"

……

赞赏孩子具体行为的具体细节，你的语言和眼神透露着真挚的欣赏。如果你的内心不能真正欣赏自己的孩子，你的眼神是骗不过他敏感的神经的。所以欣赏需要发自内心，不然就变成了他认为的虚伪和浮夸。

还要去帮助孩子学会对自己的欣赏，你喜欢你自己吗？你欣赏自己什么？你觉得自己还有哪些方面可以提高和提升？让他去觉察，感受自己作为一个独立个体的完整，同时通过自我欣赏不断自我完善。

欣赏是分层次的，他可以欣赏自己，也可以欣赏他人，也可以欣赏美，通过欣赏力在孩子的内心植入强大而笃定的自信，坚定地相信自己，让他能够从自己的思想到行动，实现层层自我肯定。也就是说，一个人如果他不够欣赏自己，自身就会存在纠结和斗争，他往外开创的力量就会变弱。

欣赏力的培养，可以从生活体验中来。体验也可以从身边开始，所以周围的一花一草一木都值得探索。在你生活熟悉的小区里，有多少种花、多少种树、多少种草？他们什么时候开花？叫什么名字？这些都是孩子发现自然界生命的一种方式，他如果有一双智慧的眼，他可以看到繁荣的生物世界，而不仅仅是货架上那些充满了诱惑的玩具，那些玩具对他的吸引力会随着他年龄的增长变得越来越弱，这个时候他可能失去发现新生物的兴趣，失去了对外界保持热情的眼神和关注。当他开始迷恋打游戏的时候，你再想把他的注意力转移到自然界当中来，恐怕就为时已晚。对大自然的体验保有了孩子内心对外界事物的好奇和热情，这是一个孩子内在生长的原动力。

父亲擅沟通，孩子更有表达力

在孩子的成长过程中，送栋栋去读卡内基训练，是我觉得自己做出的正确选择之一。国内的孩子，注重应试教育和爱好，但是对于基本的沟通表达能力、演讲能力重视不够。我们的每一天，遇到每一个要协作和交流的人都需要沟通，都需要表达。如果一个人表达能力不强，即使他有很强的实干能力，那他的才能也会受制于表达能力。表达力不够，也会带来人际关系沟通的麻烦，甚至错失一些脱颖而出的机会。

我说的表达能力不是播音主持这种专业舞台能力，而是日常表达和演讲的能力，这些能力能让孩子的学业和事业发展更顺畅，表达能力的底层是逻辑能力和情商，这个也需要从小开始训练。智商高的孩子未必情商高，学习好的孩子未必擅表达。

生活中的表达，可以用我总结的这个表达公式——"四季表达法"。

春天，万物复苏，在阳光灿烂的日子里，感受春暖花开的美景是个什么感觉？我们的表达就可以从春天的"美"开始，给对方真诚的赞美，让对方体会到春风拂面的感觉，这既是一个人欣赏能力的展现，也是迅速与人拉近距离的做法，对方看到你的笑容，听到你发自内心的赞美，心里就像荡漾着涟漪的湖面一样。

夏天，烈日炎炎，蓝天白云，绿树成荫，夏日的美好，就在热烈中流淌。伴随着喜悦的心情，跟你的合作伙伴聊起你们要推进和合作的事情，跟你的孩子聊聊他的学习目标和远景，将刚才的春风拂面推到热浪滚滚的繁荣中来，不经意中就带起了表达的节奏，让沟通的事情又前进了一步。

秋天是收获的季节，想象一下，秋天的田野里，金穗低垂，麦浪翻滚，在硕果累累的氛围里，表达的目的渐渐锁定在一个具体的目标上，愉快地达成一致，就像结出一个沟通的果实。

冬天的氛围是萧索的，冬雪飘飘，四处冰凌，水墨远山的风景，让我们理想地回归现实。这场沟通结束的时候，表达要锁定困难，一起商量解决，让事情的推进没有后顾之忧。

秋收冬藏，春生夏长，用"四季表达法"可以完成一个闭环。我们的表达应该是一个进入潜意识的闭环，在不断地训练中把它存入潜意识，成为底层思维里的一个核心能力。

说完表达，再来说一说演讲。我现在演讲的机会非常多，演讲能力也有了明显的提升，我的演讲能力也是一步一步训练出来的。刚开始练演讲的时候，我都是会完整录视频，自己看，找演讲教练看，反复纠错，找问题，练习，直到自己满意为止。有一个演讲我录了八次，练了多少次已经数不清楚了。

演讲和表达能力合在一起就是影响力，你通过自己的表达，有价值、有情感的内容传递，就像能量波一样将你的影响力传递到现场的每个角落，传递给观看你视频的每一个观众。

从小我就非常重视栋栋的表达能力，现在看来真的是非常正确的选择。我有一个朋友，她经常在家里做读书会，让孩子从小去分享读书心得，分享感受，表达想法，他们家的孩子语言表达能力也都很强。我建议每个家庭都举办读书会，也是打造书香家庭的方式，只管让孩子多多去讲，去表达，对不对不重要，父母在这方面不能打压，这是开放的，不管他表达什么。父母绝不要一出来就评判，这不对那不好，孩子应该如何，他就一下子不想说了，不想讲了，你讲的再对，那是你的认知和表达能力，不是孩子的。在父母的语言体系当中，负面评价是对孩子最有杀伤力的，评价人与被评价的人之间，存在着不平等，你意识到了吗？闭上父母好为人师的嘴巴，打开耳朵仔细聆听，张开嘴巴认真赞美，这才是培养孩子表达能力的正确方式。

教育方法是为达成教育目的服务的，我们希望培养一个生活独立又人格健全的孩子，就意味着父母要学习教育理论、教育方法，还要不断实践，同时还要在父母所有的语言和行动中注入父母的爱。父母和孩子一起不断地完善自己的内在生命，提升自己的生命价值。父母的使命是透过活出自己生命的价值来展示给孩子一个充满意义与希望的生命蓝图。

我经常跟栋栋讲，你生而为人，要立起来，在社会上成为有独立人格的人，有自己的思想，有自己的信念，有自己的人生方向、目标愿景，这些不是父亲的，不是母亲的，不是老师的，也不是国家的，是你自己的。你来到地球，只有活一次的机会，你不能白活，不能活成别人的复制品，也不能活成别人的假冒品，你要活成更好的你自己，活出你自己，你有对事物的体验，你有对世界的探索，慢慢地在这个星球上修行。我给栋栋取名：胡正栋，正，止于一，合一；栋，最高处的承担。**我对栋栋的人生只有一个提醒：愿要大，志要坚！**

我虽然写的是《智慧父亲的七项修炼》，那是因为写给母亲们的书太多了，给母亲们做的讲座也太多了，我这些年研习生命教育，一同学习的人也大多是母亲们，母亲在提升自己教养孩子能力方面，不断地学习蜕变，既勤奋又勤奋，真地令我感动。我作为一个父亲，我更想与爸爸们有更多的交流，帮助他们跟上现代母亲们进步的步伐。

[第四章]

习惯的修炼

所有能使孩子得到美的享受、美的快乐和美的满足的东西,都具有一种奇特的教育力量。

——前苏联教育家　瓦西里·亚里山德罗维奇·苏霍姆林斯基

♥♥ 父亲的生活习惯，决定孩子的生活理念

作为父亲，我的生活习惯也有一个逐步转变的过程，谁都不是生下来就会做父母的，天底下恐怕也没有完美的父母。作为父亲，我的生活习惯也是伴随着孩子的成长一步步优化的，这对我和一家人的健康影响也很大，而且当我意识到我的生活习惯会影响到孩子的生活理念时，我开始时时刻刻注意这一点。

作为父亲，有哪些值得坚持的好习惯

父亲是家庭中非常重要的角色，其健康和生活习惯对家庭成员的健康和生活质量有着重要的影响。父亲可以保持以下几个好习惯：

（1）均衡饮食。父亲应该注重健康饮食，保证摄入足够的营养素，并避免过量摄入高热量、高脂肪、高糖分和加工食品等对身体不健康的食物。

（2）积极运动。父亲应该积极参与运动，例如，每周进行适量的有氧运动和力量训练，可以增强身体素质，减少患疾病的风险，同时也能在心理上减轻压力和焦虑。

（3）定期体检。父亲应该定期进行体检，了解自己的健康状

况，及时发现潜在的健康问题，并采取必要的措施。

（4）戒烟限酒。父亲应该尽量戒烟限酒，因为吸烟和饮酒过量都会对身体健康造成不良影响，甚至会影响家庭和工作的稳定。

（5）规律作息。父亲应该保持规律的作息，充足的睡眠对身体健康和精神状态都非常重要，同时也能提高工作和生活的效率。

（6）终身学习。"父亲应该保持学习的习惯，不断更新自己的知识和技能，不仅可以提高自己的竞争力和职业发展，同时也能为家庭和孩子提供更多的帮助和支持。"

（7）积极沟通。父亲应该积极参与家庭和社交活动，积极与家人和朋友沟通，不仅可以建立良好的人际关系，同时也能在心理上获得更多的满足和支持。这可以说是当代家庭父亲的七个好习惯，作为父亲，你保持了几个呢？

作为父亲，我的五大健康饮食原则

我有五个基本的生活习惯，它们就像我的生活坐标一样，我就在这样的规律运行中自在地生活。

（1）不抽烟。我父亲不抽烟，岳父不抽烟，我也不抽烟，在这样的环境中，我儿子自然也不会抽烟。抽烟有百害而无一利，这种认知已经深入骨髓了，我看现在很多年轻人已经不抽烟了，是个非常好的现象。

（2）少饮酒。我对酒没有嗜好，也没有厌恶。在家吃饭的时候，一个人从不喝酒，家人一起偶尔会小酌。碰到商务应酬或者朋友小酌，我可以根据自己的量适度喝一点，但是不会喝大酒。到了我这个年纪，如果还需要喝大酒才能搞定什么事儿，多半这个事也没那么值得搞定了，已经没有必要了。年轻的时候商务应酬我也不喜欢喝酒，更不劝人喝酒，大家各自喝得欢喜就好。在社交场合中，我不想见到喝醉酒的人、喝酒会失态的人。

（3）规律作息。我每天差不多十点半躺下，早上六点半左右起来，生活一直比较规律。我们每天要在十一点之前躺在床上，晚上十一点到凌晨一点是较佳时间。在中医理论中，晚上十一点后，经络中的气血会流经胆经，凌晨一点时流经肝经。由于肝胆互为表里，此时充足的睡眠可以保证肝胆排毒的通畅。而且这段时间也是肝细胞最为活跃的时候，身体内的血液会流经肝脏，其中的毒素会被肝脏分解，而肝脏本身淤积的毒素也会随身体代谢排出体外。如果长时间熬夜，会影响肝脏的排毒功能，导致肝脏受损，容易出现肝脏病变，还可能引发内分泌代谢不全、皮肤暗淡、黑眼圈、疲劳、免疫力下降等问题。长期熬夜甚至可能导致失眠、健忘、易怒、焦虑不安等精神症状。

我21岁开始工作，养成了中午闭目养神的习惯，当时没有条件，有的时候实在困了就在椅子上靠一靠，所以到了40岁，工作强度很大，整个人感觉体能和精力跟不上。正好那段时间，遇到一个老中医，他说人到了40岁之后，能午睡就午睡，最好是躺平，五脏六腑就可以休息，比如，在办公室沙发上躺一下，15分钟，哪怕10分钟眼睛闭上，打个盹，即使睡不着，眼睛闭起来，也能让自己得到很好的休息。遇到出差，早上五点起来赶飞机，飞机上或中午空闲眯个二三十分钟，状态一下子就会精神起来，到晚上也不会打一个哈欠。如果没有午睡，就很容易在四五点钟开始感觉很疲劳。

（4）多运动。如果与重要事情不冲突，我就会每天早上起来健身1小时，然后开始一天的工作。这样的生活方式让我虽然已经五十多岁了，依然精力充沛，能够应对事业发展的各种挑战。

（5）多读书。读书也是我坚持了很多年的习惯，现在一年大概精选阅读50本以上，以前要多一些、杂一些，这让我一直保持学习的生长状态，给我的精神补充了很多能量，我也学习了解了很多新事物，比如，元宇宙、双碳经济等让我与时俱进的新事物。

每一位父亲都值得养成一些好习惯陪伴自己终身。这些习惯就像自己的护卫，健康的生活习惯让自己免于病痛，并且大概能够长寿，运动的习惯让自己保持活力和健康，读书的习惯让自己的大脑保持活跃，并保持生命的旺盛生长力。一个男人，只要走在事业的道路上，成败都是必定会体验到的味道，没有一帆风顺的，但是好习惯却可以帮助那些跌入低谷的勇者重新走出谷底。患了抑郁症的朋友，通过坚持跑步，又重新寻回生命的希望之光，都是有鲜活的案例存在的，我也不仅仅是说教，我相信你身边这样的例子也不少。

💕 父亲的饮食习惯，影响孩子的饮食结构

做了父亲，差不多就步入了中年，大概是没有人能够管得了他们了，他们的生活很随性也很随意，自律的父亲不少，肆意生活的也不少。这个阶段，可以说没有什么大的病痛，相对自由自在，朋友聚会、商务应酬饮酒也不太注意节制；睡眠习惯也不怎么好，出差忙碌，熬夜经常；饮食习惯也不一定好，重辣重盐，烧烤火锅，相对年轻时候或者与老年阶段比，这个阶段似乎有着过度的自由。

父亲饮食太随意，孩子习惯养不好

父亲，这个在我心中如大山一般坚实的存在，近来却让我深感担忧，好多朋友的饮食习惯太过随意，仿佛对健康毫无顾忌，这让我每每想起，都觉得他们在跟自己的健康"打赌"。

父亲们的餐桌上总是丰富多彩，仔细一看，却不难发现其中隐藏着诸多健康隐患。油腻的食物、高盐的食品、缺乏膳食纤维的精细主食……这些都是餐桌上的常客。我曾好意提醒朋友要注意饮食均衡，但他们总是笑笑说："未来谁知道是个什么情况，今天能吃饱喝好就够了，开心就好。"每每听到这样的回答，我都感到一阵无奈。父亲们的随性在他们的饮食习惯上表现得淋漓尽致。不挑剔食物，也几乎

没有任何饮食禁忌。在他们看来，吃饭就是为了吃美食、喝好酒，至于食物是否健康、是否搭配合理，他们似乎从未过多考虑，碰上商务应酬，这些就更不在考虑之内了。正是这种看似无所谓的态度，让40多岁的父亲们的健康频频亮起红灯。

我经常听到很多父亲聊起最近的体检报告，出现好多问题。体检报告上，血压、血糖、血脂等多项指标都超出了正常范围，医生也会严肃地告诉作为父亲的你，必须立即改变饮食习惯，否则后果不堪设想。然而，即使面对这样的警告，父亲们似乎仍然没有意识到问题的严重性，依然我行我素，继续着他们的随意饮食。

要想拥有健康的饮食习惯，首先要从观念上进行转变。父亲们不要觉得健康是可以任意挥霍的财富，突如其来的考验会将一个人，甚至一个家庭拖入痛苦的境地。父亲们啊，咱们都是上有老、下有小的中坚力量，如果不重视健康，不能算尽到一个男人的责任，对父母、子女和家庭都是不负责任的。

有了观念的转变之后，就是付诸行动。控制饮食、合理搭配、学习一些养生之道，会让我们的中年生活变得轻松，当我们吃得舒服，肠胃运转轻松的时候，你都会感受到身体的轻盈感。当然不是女性的那种体重轻盈，是身体和肠胃负担减少了，功能也变强了，身体得到了运作压力的释放。

改变，对绝大部分人来说都是难的，让中年男人改变难上加难，总是事到临头不得不改变，很多人才会开始改变，比如，多项指标超出正常范围的体检报告、突然的急诊……在我的观念里，主动改变的人属于人中翘楚，肯定是打开了智慧心门的人，我特别欣赏这一类人。希望你是这样的人，主动去掌控自己的人生和命运，而不是在被健康问题"恐吓"之后才开始改变。最可悲的是，有的人一有点转好，马上饮食就又刹不住车，喝酒也不控制了，身边有这样的朋友一定要给他们提个醒，作为朋友，尽力而为吧。

父亲的四大健康饮食原则，为孩子的健康成长保驾护航

1. 合理的饮食结构

在家中多数时候，都是母亲做饭给孩子吃，父亲们忙着事业发展。父亲们也需要了解人体营养所需的食物结构，在日常的饮食中稍加留意，日积月累，也会养成一个平时注意饮食搭配的好习惯。有了这个意识，平时在照顾孩子吃饭的时候也会影响到孩子。

参考饮食结构金字塔进行饮食（图1），可以遵循以下几个步骤：

第一，确定基础食物。饮食结构金字塔的底层是基础食物，主要包括粮谷类、薯类和杂豆类。这些食物富含碳水化合物、膳食纤维、B族维生素和矿物质等，是我们日常饮食中的主要能量来源。建议每天摄入适量的粮谷类食物，如米饭、馒头、面包等，同时注意粗细搭配，适当摄入一些杂粮和薯类，如燕麦、玉米、红薯等。

第二，多吃蔬菜和水果。饮食结构金字塔的第二层是蔬菜和水果。这些食物富含维生素、矿物质、膳食纤维和植物化学物质等，对

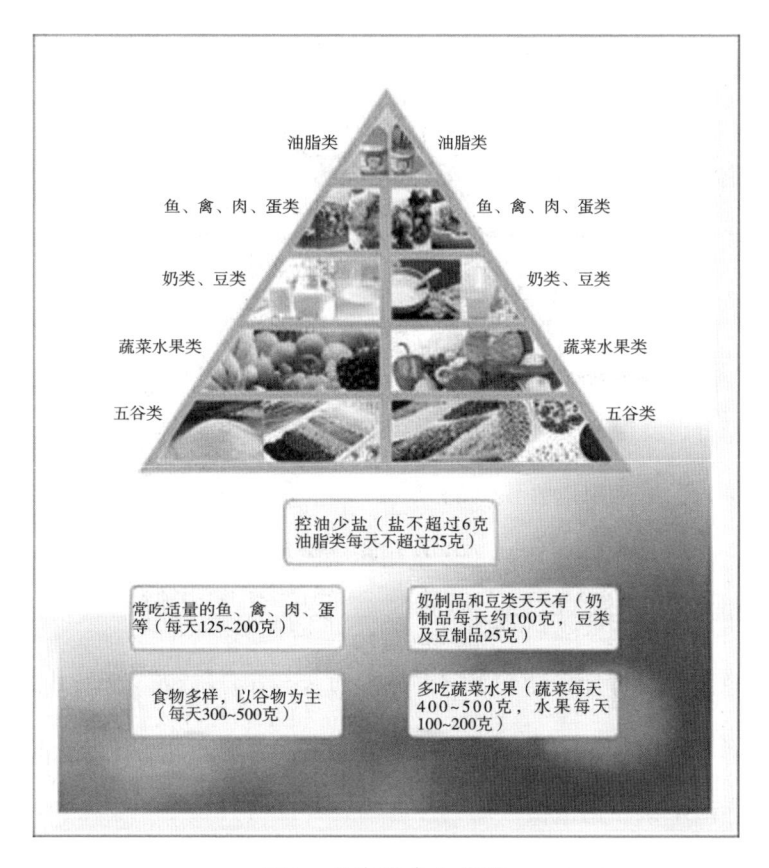

图1 健康膳食金字塔

保持身体健康和预防慢性疾病有重要作用。建议每天摄入充足的蔬菜和水果,种类要多样化,包括深绿色叶菜、根茎类蔬菜、瓜茄类蔬菜、水果等。

第三,合理摄入奶类、大豆和坚果。饮食结构金字塔的第三层是奶类、大豆和坚果。这些食物富含优质蛋白质、钙、维生素等,对维持身体健康和促进生长发育有重要作用。建议每天摄入适量的奶类或其制品,如牛奶、酸奶等,同时适当摄入大豆或其制品,如豆腐、豆浆等。坚果虽然营养丰富,但热量较高,应适量摄入。

第四，适量摄入动物性食物。饮食结构金字塔的第四层是动物性食物，包括畜肉、禽肉、鱼、虾、蛋类等。这些食物富含优质蛋白质、脂类、脂溶性维生素、B族维生素和矿物质等，是平衡膳食的重要组成部分。建议每天适量摄入动物性食物，优先选择鱼和禽类，同时注意与蔬菜、水果等食物的搭配。

第五，控制油、盐、糖的摄入量。饮食结构金字塔的塔尖是油、盐、糖等调味品和食物。这些食物的摄入量应该受到严格控制，因为过量摄入会增加患慢性疾病的风险。建议每天使用高品质植物油进行烹饪，同时控制食盐和糖（尽量用甜菊素❶）的摄入量，避免过多食用高盐、高糖的食品和饮料。

总之，参考饮食结构金字塔进行饮食，并且随着科学认知的进步与时俱进，应该做到食物多样、谷类为主、粗细搭配、多吃蔬菜和薯类、适量水果、适量摄入动物性食物、合理摄入奶类大豆和坚果、控制油盐糖的摄入量等。

2. 清淡饮食

"每天少放一点盐、油……品尝食物本来的味道"我一直在上课的时候讲到这句话。

清淡饮食是相对于"肥甘厚味"而言的，医生眼中真正的清淡饮食是指在膳食平衡、营养合理的前提下，口味偏于清淡的饮食方式。清淡饮食可以控制体重，清淡饮食通常意味着低热量、低脂肪和低盐

---

❶ 甜菊素是一种从菊科草本植物甜叶菊（甜菊叶）中精提的新型天然甜味剂。

的饮食，这有助于控制体重，避免肥胖和相关疾病的发生，降低疾病风险；清淡饮食有助于降低高血压、高血糖、高血脂等慢性疾病的风险。通过减少油脂、糖分和盐分的摄入，可以减轻身体的代谢负担，避免这些有害物质在体内过度积累，保护消化系统；清淡饮食可以减轻肠胃的负担，有助于消化系统的正常运作，降低消化系统疾病风险的发生，提高免疫力；清淡饮食富含各种维生素、矿物质和抗氧化物质，有助于提高免疫力，增强身体对疾病的抵抗力，延缓衰老；清淡饮食有助于减缓身体器官的老化速度，保持身体的健康和活力，从而延缓衰老过程，改善肤质；清淡饮食可以促进皮肤的新陈代谢，使皮肤更加光滑细腻，减少痘痘、色斑等皮肤问题的发生，促进心理健康；清淡饮食有助于稳定情绪，减轻焦虑和抑郁等负面情绪的影响，从而促进心理健康。总之，清淡饮食的好处很多，作为父亲，当你开始清淡饮食，你会发现专注力更强，欲望更容易得到控制，更容易高效做成一件事情。

3. 轻断食

选择轻断食有多种原因。首先，随着年龄的增长，人体的新陈代谢速度逐渐降低，轻断食可以帮助促进新陈代谢，有助于身体健康。其次，轻断食能够给予消化系统适当的休息，减轻其负担，对于预防和改善一些消化系统疾病有积极作用。此外，轻断食还有助于控制体重，降低患肥胖、糖尿病等慢性疾病的风险。

轻断食的具体方法有四个注意事项。

首先，限定进食时间。每天在规定的时间内进食，如8小时内进食，其余时间保持禁食状态。这有助于调整身体的代谢节奏，促进脂肪燃烧。

其次，保持饮食均衡。在进食期间，要确保摄入足够的营养，包括蛋白质、脂肪、碳水化合物、维生素和矿物质等。选择健康、天然的食物，避免过度加工和高糖高脂食品。

再次，控制摄入量。适量减少每餐的摄入量，避免暴饮暴食。可以通过细嚼慢咽、使用小盘子等方法来帮助控制食量。

最后，增加饮水量。在轻断食期间，适当增加饮水量有助于促进身体代谢和排毒。

轻断食的意义有很多，我每月都会坚持1~2次轻断食。轻断食可以通过减轻消化负担、促进新陈代谢和排毒等方式促进身体健康，轻断食有助于改善身体状况，预防慢性疾病；轻断食有助于控制体重，降低肥胖风险，从而减少与肥胖相关的健康问题；轻断食还可以提高精神状态：适当的轻断食可以改善精神状态，提高注意力和专注力，有助于提高工作效率和生活质量。

需要注意的是，轻断食并不适合所有人群。如果你想尝试，之前又没有自己轻断食过，建议找个专业的医生咨询一下，这样会比较安全。

4. 保持水的摄入量

一个人每天的喝水量和方式对其健康至关重要。不要等到口渴才去喝水，因为口渴是身体已经明显缺水的信号。应该定时定量地补充身体所需的水分，比如每隔一段时间就喝一杯水。一般情况下，建议每天的喝水量在2000毫升到3000毫升。这个量包括了直接饮用水以及从食物中摄取的水分。如果身体活动量大或天气炎热，可能需要喝更多的水。然而，也要注意不要过量饮水，因为喝水太多会造成心脏和肾脏的负担，引起身体的水肿，甚至造成器官的衰竭。人要少量多次饮水，把每天需要的水分分散到整天时间里，每次喝水不要超过200毫升，少量多次地饮水，有利于身体更好地吸收利用水分。不要在饭前或饭后立刻喝水，应该在饭前30分钟和饭后1小时左右再喝水，喝温水比喝冷水更好，因为温水更容易被身体吸收，养成正确饮水的习惯。你可能会说，喝水谁不会，确实，但是很多人喝水的习惯未必好，牢记每天应该饮用多少水，"知行合一"才是父亲们要关注的点。

父亲的消费习惯，影响孩子的消费价值观

父亲的消费习惯对孩子的影响很大，当然母亲的消费习惯也同样如此，如果父母都花钱大手大脚，那这个家庭的财务状况是岌岌可危的，甚至关键时刻都存不住保命的钱，后果不堪设想。

作为父亲，首先自己要有良好的消费习惯，从储蓄理财到生活花销，都能够按照自己持守的价值观，而不是过于追求社会风尚，在上面浪费太多的金钱。

建立家庭储蓄共识，实现家庭财富增长

每一位父母尤其是父亲，都要学习一些投资理财的基本知识，有句话这么说"你不理财，财不理你"，千真万确。对于一个家庭来说，没有一定的积蓄，女主人是没有安全感的。积蓄从两方面来看，一方面是收入，包括直接赚来的工资、奖金、绩效等工作收入，还有就是副业兼职获得的外快，还有投资理财产生的税后收入等；另一方面是消费，减少不必要的支出，不讲财务算法，就用简单的加减法，就可以知道，积蓄等于收入减去支出的差额。回想自己1988年刚工作月工资是86元，我基本每个月会存15元，一年下来就能攒下近200元，之后几年，随着收入增长我保持收入部分20%做存款，再加上银

行利息，存好几年下来也能积蓄不少。

现在的人消费观念很强，甚至都是透支信用消费，买车买房贷款，装修也贷款，日常消费用信用卡，背上了很重的债务，很多年都很难翻身。虽然这样的方式，让我们提前享受了比较好的物质生活，但是也因此有了很大的生活负担。国内生产总值增速快，赚钱容易，贷款利率相对较低的时候情况还好，收入增长带来的差额还能应付一堆负债，但是如果遇到经济不景气，再加上行业调整带来收入下降的时候，尤其是面临中年失业一时找不到合适的工作时，如果没有积蓄的支撑，一家人的生活就会陷入困境。作为一个父亲，这时候的焦虑无疑是巨大的。我在创业的时候也是，年轻的时候爱折腾，第一次遇到经营的经济危机，让我意识到，要给家庭留足生活的钱，而不是随着自己的事业起落，让一家人的生活跟着起起伏伏，显然这是考虑不周的表现。作为父亲，你需要意识到积蓄有多么重要。你可以做好下面的几件事情来增加积蓄。

首先，建立家庭的储蓄共识。一家人，一个人省钱是没有用的，要全家观念统一才能长期有效。因为积蓄可能需要几年，十几年，甚至更久，而花钱可能只需要一秒。

其次，确定家庭的储蓄目标。作为父亲，积极与家庭成员一起讨论并明确家庭的长期和短期储蓄目标，这可以包括购房、教育基金、养老金、度假计划等。共同的目标能够使家庭成员团结一心，形成储蓄的共识。

再次，制定预算计划。为了实现储蓄目标，家庭需要制定一个合理的预算。我是学财务出身，并且做财务经理，我就发挥我的优势，做出家庭的预算，包括家庭的固定支出（如房贷、水电费、食品等）和可变支出（如娱乐、旅游等）。通过预算，家庭成员可以了解家庭的财务状况，知道今年要达到目标需要每个人为此付出什么努力。

接着，注重分工协作。家庭成员可以根据各自的收入和支出情况，分工负责不同的储蓄任务。太太负责家庭开支，孩子负责定期存入储蓄账户，作为父亲的你可以负责监督。通过协作，家庭成员可以共同管理家庭财务，确保储蓄计划的顺利进行。

然后，定期回顾调整。及时回顾储蓄计划和预算，以确保它们仍然符合家庭的目标和实际情况，如若不然，则需要根据实际情况进行调整。比如年中调整一次。如果家庭成员的收入、支出或目标发生变化，应及时调整储蓄计划和预算。年末做回顾总结，看看预算实施的情况，再制订下一年的计划。

最后，家庭投资计划。每年家庭开支中结余的部分，进行对外投资。这样还可以从小培养孩子的投资意识，知道金钱在家庭中是怎么流转使用的，流出时，可以作为消费，也可以作为投资。这是完全不同的认知，如果孩子很早就有了投资意识和做法，将来他会更有机会赚取更多的财富。总之，建立家庭储蓄共识，稳步增加家庭的财富积累，可以让家庭生活有稳健的幸福基础。

除了积蓄，还要有保险的保障。我一进入职场就从事财务工作，很早就开始接触保险，对保险的认知也比较早。后来体验到人生无常，体验到事业的起起落落，知道能保证一家人生活的，不只有自己的健康和赚钱能力，还有保险，它可以给整个家庭提供一定的风险保障。

为一家人购买保险时，需要根据家庭成员的具体情况和需求来选择适合的保险产品。以下是一些常见的保险类型，可以为您提供参考。

（1）重疾险。这是一种保障重大疾病的保险，当被保险人被确诊为合同约定的重大疾病时，保险公司会按照合同约定给付保险金。对于家庭中的经济支柱，购买重疾险尤为重要，以确保在其罹患重大疾病时家庭成员能够得到经济上的支持。

（2）医疗险。医疗险可以报销因疾病或意外导致的医疗费用。对于每个家庭成员来说，医疗险都是必备的，因为医疗费用可能会给家庭带来沉重的经济负担。

（3）意外险。意外险主要保障因意外伤害导致的身故、伤残和医疗费用。对于经常外出或从事高风险活动的家庭成员，购买意外险是很有必要的。

（4）寿险。寿险是以被保险人的寿命为保险标的保险，当被保险人身故时，保险公司会按照合同约定给付保险金。对于家庭中的经济支柱，购买寿险可以确保在家庭主要收入来源丧失时，家庭其他成员能够得到经济上的支持。

（5）教育金保险。对于有子女的家庭，可以考虑购买教育金保险，以确保子女在成长过程中能够得到良好的教育。教育金保险通常会在特定的时间节点给付保险金，如子女上大学的时候。

为一家人购买保险时，要根据家庭成员的实际情况和需求来选择适合的保险产品。一般来说，医疗险是每个家庭成员都应具备的；对于家庭中的经济支柱，可以重点考虑购买重疾险、寿险和意外险；对于有子女的家庭，可以考虑购买教育金保险。在购买保险时，还需要注意选择信誉良好的保险公司和合适的保额。当然，我没在保险行业做过，对保险也只了解了一点皮毛，如果你想为家人配置保险，还得找专业的人士为好。

生活简约不简单，物质需求少而精

最近这几年开始流行断舍离，这种生活理念来自日本作家山下英子的作品《断舍离》，我非常认同，后来也一直在践行。我们也没必要拥有那么多东西，列出男士的必用清单，就那么三五十种。其他的就是量上的累加，比如鞋子，运动鞋、休闲鞋、西装鞋，各种款式颜色，一堆摆在鞋柜里。我最惊讶的一次是，去一个EMBA（高级管理人员工商管理硕士）同学家，他单单是鞋子就摆放了一个衣帽间，上百双，我当时就问他，"那么多鞋子，你有那么多脚吗？"我开玩笑地跟他讲，"你又不是毛毛虫。"他说："买的时候觉得喜欢就买了，别说穿了，打理起来都费力。"后来他移民了，鞋子摆在家里都没带走，形成了巨大的浪费。有人喜欢买包，各种款式的包，也不便宜，有时候买不到款式还要等，一等都需要很久。不得不说，商家真会做生意，可是原本我们的生活根本不需要那么多东西！它们塞满了我们的生活空间，以至于我们的心灵无处安放。

我一直觉得自己很节俭，开始断舍离的时候，发现自己也买了不少还没用的东西。皮带很多条，裤子也很多，西装和衬衫更多，买的书也堆不下，高尔夫球没打过多少次，装备是无比的齐全，还有各种所谓的收藏，也只是短暂的兴趣。搬家的时候，我都统统收拾了一下，能送人的送人，能捐的捐，该扔的扔，处理了很大一部分。现在的生活空间，简洁又舒适，东西少了很多，感觉家里的空间大了很多，不只是物理空间，心理空间也大了很多。

我也经常和太太交流这些生活理念，来上海后她照顾栋栋读书，做了很多年全职太太，同时做一些公益服务，也不忘记自己的学习成长，之后她"人生五十又开挂"，做起了微商和保险，我们不断改进我们的生活理念、消费理念，现在的生活变得轻盈易打理，她也经常出去跟朋友见面，看看书，一起去上生命教育课程，儿子去国外读大学后，平时过我们的两人生活，有着多年的陪伴熟悉感，又有了年纪上来之后的彼此依恋，这种感觉令我觉得很幸福。

我们的需要和欲望是两回事，不要过被欲望操纵的生活。我需要一部手机，一直用就好，我不用每年换最新款，我用的也很爱惜，用个两三年，擦擦就像新的一样，但是如果你一直想要最新的，最时尚的，那就要一直换，其实仅仅是一种喜新厌旧的欲望，完全没有必要。很多的富二代，家里很有钱，铺张浪费，老话有句"富不过三代"，还有一句老话"由俭入奢易，由奢入俭难"。谁都不能保证我们一代又比一代强，节俭永不过时。当然也不是陈腐守旧，条件允许的情况下，你把你需要的东西买贵一点可以吗？也没什么不可以，你买一个贵的包用，无可厚非，你买10个放在那里看，就未免过于铺张浪费了，当然投资除外。我在做教育机构的时候，还看到有些孩子明明家境一般，可是却穿着挺贵的衣服，很早就开始用奢侈品，这是举全家之力给孩子好的条件，可是我看到很多这样的孩子偏偏不努力，真是悲哀！父母应该反思一下，力是不是用错了方向呢？比如说父亲对自己很节俭、很抠门，但是在自己孩子身上大手大脚，其实孩子也会变得大手大脚。

奢侈品更多撑起的是外在的面子，购买奢侈品是虚荣心作用的结果，并没有真正的用途，从本质上讲，我觉得一个人知道要满足自己真正的需要，其实代表了他独立人格的形成。如果一个人的欲望太大，其实代表他的内核是比较弱的。栋栋说："我不用外在来装扮。"我对他的自信还是很欣赏的。除了第一年本科时买了几样奢侈品，后来他就不再购买奢侈品，平时就穿用普通品牌的衣服与用品，他说这样他省去了很多在这方面可能浪费的时间。

我们买东西，要买我们需要的，而不是去满足我们的欲望，欲望无止境，我们需要的是少而精的生活品质。

少而精的生活品质是一种追求高质量、注重细节和珍视每一个物品与体验的生活方式。它强调的不是数量上的堆积，而是对生活中所拥有之物的精选与珍视，以及对生活体验的深入与细致。想要拥有少而精的生活品质建议这样做：

（1）需要精选物品。不要随意购买大量的物品，而是会仔细挑选，确保每一件物品都是符合自己的品位和需求的，且具有较高的质量。这样的选择方式不仅使他们的生活环境整洁有序，还能让他们真正享受到使用这些物品带来的乐趣。

（2）注重生活细节。在少而精的生活品质中，细节是至关重要的。这不仅仅体现在物品的挑选上，还体现在生活的各个方面，比如，家居布置、日常饮食、穿着打扮等。他们注重每一个细节，追求完美，让生活中的每一个元素都能体现出自己的品位和风格。

（3）能够珍视体验。与其说少而精是一种物质上的追求，不如说它是一种精神上的追求。具有这种生活品质的人会更加珍视生活中的每一次体验，无论是旅行、阅读、观影还是与朋友家人的相聚，他们都会全心全意地投入，享受其中，享受当下。

（4）享受简单生活。少而精的生活方式往往与简单生活紧密相连。他们不会为了追求物质上的丰富而牺牲自己的时间和精力，而是会选择一种更加简单、自然的生活方式，让自己有更多的时间和精力去享受生活的美好。

（5）持续做到自律。具有少而精生活品质的人往往是长期自律的人，不管外部环境发生了什么变化，尽量保持物质欲望处在可控的范围内。好的生活方式会长期影响孩子，而且对孩子的影响会特别大，如果父母是这种良好的生活方式，孩子耳濡目染，也会适应和习惯这种这种生活方式。

父亲的阅读习惯，塑造家庭书香文化

我是非常喜欢看书的，读大学时就喜欢买书、看书、藏书，而养成相对稳定的阅读习惯还要感谢吴晓波老师和他创办的蓝狮子读书会。在2009年我成为蓝狮子读书会的会员，每个月就会收到两本书，会员身份保留了很多年，因为平时工作比较忙，每个月能收到蓝狮子读书会的团队为我们企业家选送的图书，省去我很多选书的功夫。也正是因为这项服务，我形成了持续稳定的阅读习惯，一直坚持到现在。

我读过的书很多，涉猎的门类也比较多，最初会阅读很多的工具类、管理类、财经类、励志类、人物传记类等书籍，也喜欢翻阅时尚类杂志，这些年我比较喜欢文史、哲学、教育、经典的图书，哲学类的书比如《存在与时间》，作者马丁·海德格尔，探讨了存在的意义和时间的本质，提出了"存在先于本质"等核心观点，是深入了解存在主义和后现代主义的重要读物；《形而上学》的作者亚里士多德，探讨了存在的本质和形式，提出了"实体""属性"等哲学概念，是西方哲学的基石之一；《查拉图斯特拉如是说》的作者弗里德里希·威廉·尼采，以寓言和对话形式表达了尼采的哲学思想，包括"意志至上"等，对现代教育和文化产生了深远影响；《西方哲学史》的作者伯特兰·罗素，系统地梳理了西方哲学的历史发展，介绍了各个时期的重要哲学家和思想流派，是入门西方哲学的首选读物；

《中国哲学简史》的作者冯友兰，简要介绍了中国哲学的发展历程和主要思想流派，对于了解中国哲学的独特魅力和智慧精髓很有帮助；《论语》记录了孔子及其弟子的言行和对话，体现了儒家的核心价值观和教育理念，是儒家思想的奠基之作；《道德经》是道家哲学的核心文献，阐述了"道"作为宇宙万物本原和运行法则的观念，强调自然、无为的哲学思想，文字简练但思想深邃；《哲学的故事》的作者威尔·杜兰特，以故事形式将西方哲学史上的重要人物和学派串联起来，有助于激发学生对哲学的兴趣。教育学类书籍我读的更多一些，比如我推崇的《爱弥儿》，卢梭的这本书是近代教育学的开山之作，根据儿童的年龄提出了对不同年龄阶段的儿童进行教育的原则、内容和方法。它不仅是卢梭论述教育的经典，而且是他阐发资产阶级社会政治思想的名作。杜威的《民主主义与教育》是西方教育史上的经典之作，详细阐述了民主主义与教育的关系，提出了"教育即生活""学校即社会""从做中学"等著名观点，对现代教育产生了深远影响。洛克的《教育漫话》是西方教育哲学史上的重要篇章，以漫话的形式阐述了绅士教育的理念和实践，对近代英国和欧洲的教育思想产生了重要影响。苏霍姆林斯基的《给教师的建议》，这本书是前苏联教育理论的经典之作，以生动的实例和深刻的理论分析，为教师们提供了宝贵的建议和指导，被誉为"教师的必读书"。怀特海的《教育的目的》，这本书是他有关教育的演讲论文集，比较全面地反映了他的教育观念。他主张教育应该充满生活与活力，反对对学生灌输知识，应该引导他们自我发展。同时，他强调古典文学艺术在学生智力发展和人格培养中的重要性，倡导使受教育者在科学和人文方面全面发展，《黄帝内经》由《素问》和《灵枢》两大部分组成，是我国现存文献中最早最完善的一部医学经典，也是中医理论体系的经典，它系统地阐述人体生理、病理、诊断、养生、防治以及临床各科的内容，不断研习此书，让我更深刻了解自己的身体，了解自我身心灵的合一对于生命健康的意义，以及对自我保健有着无可替代的作用。这些书对于我从事教育工作有很深的启发和影响。《第五项修炼》等管理类的书也读了很多，在这里就不一一列举了。这么多年坚持阅读，让我的认知不断提升。

除了常见的这些类别，我可能跟很多男性不同，我还喜欢读一些认知觉醒类的图书，比如，《开启你的高维智慧》《爱的觉醒》《家庭的觉醒》等，还有情商、沟通类的图书，经典的我都会去读一读，这些图书让我细腻的情感发展得更加丰富，深刻地理解何为无条件的爱，也让我更容易连接到别人的内心，我感到这些图书滋养了我细腻的内心世界。

栋栋也很喜欢读书，除了小时候给他读绘本，无形之中也受了我爱阅读的影响。父母爱阅读，孩子爱上阅读更容易，如果父母在孩子身边一直用手机，哪怕你是为了工作，孩子心里肯定也会有其他的想法。当我们陪伴孩子的时候，哪怕在他旁边什么都不说，认真地读书也是一种氛围的影响，这比说教更有效。

♡♡ 父亲的运动习惯，重塑孩子的运动爱好

与母亲相比，父亲承担了多培养孩子运动习惯的责任。父亲在运动中体验到了运动的乐趣、价值和意义，一直坚持到成为习惯，在这个过程中，通过言传身教，甚至可以说身教远大于言传，不断地影响孩子，最终形成孩子的运动爱好。运动的意义很多，可以培养父子之间的共同爱好，建立父子之间的共同话题，增加父子之间的平等交流，教会孩子自如地运动社交。

如果孩子没有一个很好的习惯，那是因为父亲坚持的时间不够长，确实如此，因为讲道理他不听了，比如肥胖，孩子周围比他胖的人也有，他就给你一个理由，然后他觉得他又没生病，反正他好好的，干嘛要运动，人往往在生病、痛苦的时候才会有觉悟。孩子从小有运动爱好，有运动习惯，他也不会太肥胖，身体也会健康。

如果这时说理，孩子就希望父亲最好离我远一点，这样他可能会更加绽放，因为他觉得老爸又要"君君臣臣父父子子"，他一下子毛就竖起来了。很多父亲跟孩子，因为之前可能没有太多平等的沟通，而且我觉得天然有父亲的那种权威感在，哪怕你刻意避免也会有父亲的权威感，会在里面有成分在，所以我觉得每个男孩对自己的父亲都会保持一定的危机感和排斥感，运动就可以很好地化解这个问题。

我结婚之后没多久就胖起来了，但是从工作到创业一直都很忙，所以也没有坚持运动。2012年左右，遇到一个曾是医生的健身教练，

受他影响，开始健身。那时候我儿子还在上高中，我和他一起去练拳击。父子俩练拳击特别有意思，刚开始，父子俩大眼儿瞪小眼儿，狠不起来。后来教练一直在激我们，还是小子年轻，开始用力，我也开始发力，从内心里讲，还是怕把他打伤了，其实高二的他已经很有力量了，最后打起来酣畅淋漓，感觉像决斗，都不服输。

父子之间的这种平等对抗，对孩子来说也是一种释放。平时孩子对于父亲的严加管束，敢怒不敢言，内心的不满是有积累的，通过这种形式发泄出来，既锻炼身体，又能排除心里积累的不快。坚持了一年多，我感觉我儿子在这个过程中也非常受益，我们的平等沟通从那时候变得多起来。以前也会，但是父亲的权威如影随形，还是很难摆脱，而拳击像两个男人之间的角逐，经常对练也会有默契，这种默契是身体的，也会迁移到精神方面，做什么事情也会慢慢更合拍，而不是完全不在一个频道。现在想想，虽然十多年过去了，但是依然觉得这是我与儿子之间，一段十分美好的回忆。

儿子出国之后，我也开始坚持健身。我在网络中看到郭富城的身材，有六块腹肌，就跟教练说，我要练成他这个样子。教练让我每星期练四次，每次两个小时，一开始吃不消，太累了，经常累到气喘吁吁，大汗淋漓，但是咬咬牙，坚持下来了。坚持到现在，八年多了，我非常有成就感，还会一直坚持下去。现在基本维持在平均每年一百天的健身量，身体也觉得很年轻、很灵活，我现在55岁了，体检身体的所有指标都正常，不少指标很优秀，跟同龄人比，我觉得我保持得算很不错的。

2021年，我儿子从国外回来，看到我每天早上6:00~7:00坚持公益分享，7:00~8:00健身，他看我坚持了三个多星期，就受我影响，觉得自己的父亲如此精进努力，他就开始早起健身了。我也没去说过他，他就跟我去健身房锻炼了。

以前他的作息都是下半夜，甚至凌晨睡觉，快吃中饭了才起来，儿子大了嘛，也说不得了，我就做给他看，身教大于言传。运动了一两个月，他的体重也下来了，自己也很有成就感。

那时候我太太也受影响，突破自己开始尝试做直播分享，也很勇敢，她50多岁了，还愿意尝试新事物，我很支持她。一家人之间，这种相互感召的力量，非常温暖，一家人彼此陪伴、彼此鼓励、彼此成就，尤其是最近这两三年，感触会更深刻。

现在每天北京时间早上7:00~8:00，无论在哪里，无论是国内国外，只要没有重要工作安排，我就跟随教练在线上直播间健身。时间长了，健身已经变成一种强迫性的习惯，没健身反而不舒服。当然也学习像杨定一博士这样的专业人士讲述的健康饮食及身心合一的理念，还有王婷莹老师示范的每天早上30分钟冥想拉伸运动，都是非常有益于健康的，我也会一些瑜伽拉伸的动作，这对健康长寿非常有意义。

直播间健身的时候，开始前10分钟拉伸让身体柔软起来，最后结束10分钟再拉伸，健身久了，一些健身房平时训练不到的深层肌肉与关节得到科学的锻炼，这对于保持身体长期健康、各项机能延缓衰老有极大的增益。

大部分的男性不练瑜伽，也不了解，我练过了觉得自己很受益。男性可能有运动的习惯，但是他可能没有保持拉伸的习惯，我建议还是去尝试一下，无论哪个年龄段的男性。每天拉一下，10分钟，现在我也是一天不拉好像就难过，拉伸以后，人就活动开了，好像也灵活了，整个人不那么僵硬。我现在自己的柔软度，一般的男性是比不过我的，比如"婴儿趴"，我就觉得趴一趴很舒服也很放松。很多身体的机能，一般中青年都比不过我，内心总是有点小窃喜的。这些年去体检，几乎所有指标都是好的，看到体检报告我也很开心。

现在饮食习惯也很健康，油炸的很少吃，偶尔可能回到老家，去吃一顿大饼油条，怀念一下家乡的味道。平常吃饭肯定是非常注意的，没吃过的，尝过味道了，好吃也不多吃了，无论嘴巴有多馋都控制得住。作为父亲，有时候免不了有应酬，但是酒肯定能不喝就不喝了。

我现在看到有些孩子，十几岁，有的甚至三五岁，就胖胖的，我就蛮心疼的，这么小的年纪，身体负担这么重，我就觉得父母责无旁贷，小孩子哪知道哪些多吃，哪些要少吃，你给他吃啥他就吃啥，好吃他就使劲吃，不加控制就胖起来了。大一点年纪，我有位亲戚，他去体检，指标乱得一塌糊涂，才二十多岁，乱吃东西，半夜吃各种夜宵，他白天就没什么精气神，生物钟也是紊乱的，大概年轻人很多这样，都是成年人了也不能多说，只希望他能慢慢自己留心起来，关注自己的健康。

运动也会训练孩子的大脑，促进他左右脑之间脑细胞的链接，比如说一些精准性动作的练习，有些对抗性的运动也会提升，手脚脑的那种感统对平衡非常有帮助。我觉得这些对孩子的成长很重要，首先父亲热爱运动，父亲会变成一个精力很旺盛，甚至身材管理很好的父亲，很年轻很有活力。

运动对孩子的价值，讲现实一点，体育运动是要参加中考、高考的（高考项目我清楚）。中考肯定有的一些项目，比如，跳绳、一个大球、一个小球等项目。我目前担任的一项社会职务是爱丁堡公爵国际奖中国区董事，该奖项获得全球130多个国家的认可，以全人教育为核心理念，爱奖优秀青年评选的五大指标是：体育锻炼、技能学习、志愿服务、户外探索、团体生活。列在第一项的即是：体育锻炼！这是培育阳光孩子的必备技能与身体素养，也是我们和孩子都保持健康体魄的根本，运动与锻炼是值得坚持一辈子的事情！

再去讲运动的深层意义，我觉得刚才那个例子就非常好，我和孩子在高中阶段去练拳击，在初中阶段我们一起打过羽毛球，也可以一起跑步，共同爱好可以产生心领神会的交流，也是父子之间共同话题的一份基础。

我和栋栋也有很多机会一起游泳，彼此游泳一般一个来回稍微歇一下，沟通交流，偶尔还比一比谁游得快。他擅长蛙泳，是教练指导学会的，自由泳我比他厉害，因为我的游泳是从小野生学会的，就是小时候在农村水库托着一个脸盆就学会狗爬式了。有时我们一起旅游度假的时候，在酒店的游泳池里，我们也会一起去游泳。彼此有运动上的共同爱好，创造了彼此沟通的机会，能够增进父子的感情，像这种陪伴其实不需要讲太多话，很多彼此美好的记忆就是在类似的时刻累积下来的。我之前为了要去解决青春期的相关问题，所以在选择项目上用了一点小心机。正常情况下，其实父子之间的互动，比如说一起游泳，一起打网球，可能没有那么多语言上的交流，但是这种默契程度的拉练也是一种无形的影响，永远心心相印的那种感觉。

教会孩子把运动当成一种生活习惯，既促进了身体健康，也是一种社交的方式，这是父亲在陪伴孩子成长的过程当中教会他的，潜移默化在一起带着练习。而且它会增进父子之间的感情，增进父子之间的默契度。心灵的沟通是很值得去做的事情，一个父亲在跟孩子沟通当中，可能不像母亲这么细腻，要沟通很多感情上的一些事情，可能语言的交流比较多，父亲跟孩子之间的无声的交流，其实都是通过这种运动去实现的。

[第五章]

一

关系的修炼

人的本质是一切社会关系的总和。
——德国思想家　卡尔·马克思

♡♡ 与工作的关系：我与事业，互相成就

一个人与工作最好的关系是，投入热爱，创造价值，相互成就。

我高中的时候英语不太好，去掉英语就能考出较高的成绩了，就是因为英语不好，高考的时候心里没底，本科怕考不进，为了稳妥能跳出农门，就直接选了高中中专，上了浙江省物资学校，是学校录取时成绩名列前茅的学生。

我学的是财务专业，21岁毕业就参加工作了，当时还分配工作，我就到宁波市物资局报到。那时候石油、燃料、汽车、钢材、煤炭这些全都在计划经济的统筹安排之内，物资是从省公司到市公司到县公司逐级调拨的。我到物资局政治处报到好，就被安排到市汽车贸易公司去做主办会计了。那时候上班，总经理很敬业到得很早，我从来都是比总经理到得还要早，到了就打扫卫生，清理垃圾桶，打满热水瓶，从来没觉得这是苦活累活，不会有什么怨言，也不会觉得这不是我的工作，那时候就想努力工作，争取更多的机会。我一边做会计，一边当团支部书记，当时心里想的就是：要么不做，要做就要做到最好，我作为刚工作的小年轻，局里就派我参加市里的财务会计知识比赛，在当时的年轻员工里已经很出类拔萃了。

干了5年会计之后，我遇到一个机会。我认识了一家宁波区属国有控股的中外合资房地产公司的总经理，只跟他见过一面，第二天他就给我打电话，邀请我去他那里工作，那一年正好遇到国企改革，

他让我去他那里做营销。我在汽车贸易公司5年做到财务科长,我的工作效率比较高,平时空闲的时间还是比较多的,剩下的时间我就看报纸,关心时事和财经类信息,还买一些书,一个人回宿舍每天写日记、弹吉他、吹口琴,享受那份独处的美好时光。年轻嘛,也在不停地思考人生的意义。我21岁时的日记里写过这样的话:"人生的意义是什么?人生本来没有什么意义,在过程中实现生命价值的最大化,而努力工作就是为了实现生命最大的价值。"或许是受这句话的指引,我感觉财务工作已经干到头了,我想去尝试新的挑战,我想干更有挑战性的工作,于是我就去了那家房地产公司。

做营销,尤其是房地产营销经理,我从来没做过,那时候当地有十几家国有的房产开发企业,我就一一拜访他们的营销经理,学习他们怎么做方案、怎么做策划、怎么写文案、怎么发布广告……三个月下来,我差不多就摸清楚了。当时有一个项目,几百套房子,几万的建筑面积,我们营销部门就两个人,方案策划广告文案通通我一个人搞定,接着和电视台等沟通拍摄广告进行投放的事宜,做得也都很成功。我在房地产公司做了三个项目,这家公司营销部门,后来总共也只有三个人,我做营销经理,再加上两个兵。我觉得营销样样都能干,最后连开发前期的策划,设计什么套型,到物业交付,也都是学得了如指掌。从头到尾不管是不是我部门的工作,反正总经理叫我干我都全力以赴地干好它。后来这家房地产公司没有项目了,公司又处在一个调整期,只能守业,我觉得没有挑战性,没有上升通道了,就想着换公司。在职场上,我换工作基本上就两个原因,第一个,我觉得我的能耐很厉害了，但是没有上升通道了，我会换工作；还有一个，公司要垮了，我无能为力，那我可能会换。除此之外，我绝不换。

刚好，一家民营房地产公司的老总看中我，说需要一个助手，我就过去了。到了这家民营房地产公司做副总，前前后后什么都要管，慢慢对经营公司也有切身的体验。5年下来，老总说："洪军啊，你可以自己干了，我也投资你一点，你去创业吧，我支持你！"

2000年前后，我就创业做房产项目代理，从宁波本地项目到国内各地跑，上海、合肥、青岛、南通、嘉兴等地。什么项目卖多少价格，心中很有数，在当地城市，只要我待两个晚上，我就知道城市的消费水平，楼盘在什么位置，定价多少更合适，也算是行业经验积累的洞察力。

但是房产项目代理这个活儿就像游击队一样，再怎么努力也就是赚点钱，较难形成自己的平台和累积品牌。我希望做更有价值和意义的事儿，而不仅仅是赚点钱，那时候知道上海华尔街英语很火，英语又是我上学时候的"痛"，梦想着总有一天能讲一口流利的英语。当时我们国家刚刚加入了世界贸易组织，大量外企涌入国内投资，国际贸易也在快速扩张，需要很多会说英语的人才。

2004年，我就与朋友一起投资250万元开始做成人实用英语培训，开创了沃尔得［world（世界）谐音］教育。宁波学校很成功，10个月收回投资成本，我就想一家学校不够，当年12月就在青岛再投200万元，然后从南通到嘉兴陆续开起来，一个城市一家学校的连锁发展起来，我觉得主要是品牌影响力在不断扩大。我是喜欢做全国性的，要做就做大的。在十几个城市开设了十几家学校，到2008年和2009年就觉得非常辛苦了，管理强度很大，每天工作12个小时以上。经过深思熟虑之后，我想用特许加盟的连锁方式扩张业务，加盟学校每月缴纳给总部特许权益金3万元左右，管理总部建设完备，总经理负责制的执行团队专业能干，教学研发、培训管理、业务拓展等几大部门各司其责，我就负责一些重大事务决策与战略方向及财务，因为总部收入规模不大，所以当时有机会就把公司送到北京新三板挂牌上市了，成了公众公司，对沃尔得教育的品牌及口碑带来很多正向的积极影响。我自己随着公司发展，也持续参加各种EMBA（工商管理硕士）的学习，从一开始浙江大学城市学院的EMBA，到精英董事长班，然后到上海交通大学的创新经营DBA（工商管理博士）班，再到北京清华大学的财富管理班，最后到深圳清华研究生院的金融投资与资本运作班，企业做到哪个层面，我就学到那个层面所需要的知识，时刻以优秀的管理者、优秀的经营者来要求自己，以IPO（首次公开募股）成功企业的创始人为榜样，不断精进自己的格局与视野，在为企业、员工的发展创造平台的同时，助力几十万中国人掌握流利的英语，基于教育行业具备天然的公益属性，沃尔得为长沙市政府首批赴美交流的干部提供英语培训服务，成为2008年奥运会帆船委员会指定英语培训服务机构，为2010年上海世博会提供英语培训服务等，累计捐赠数百万元的英语培训服务课程，力所能及地为社会发展作贡献。

近几年来，教育培训行业遇到不小的挑战，作为一名创业者，经历过创业的高光时刻，也不止一次地走到至暗时刻，不只有新东方在探索出路，所有受到影响的企业也都在寻找出路，我相信每一个受到影响的企业老板都曾经熬过了无数个失眠的夜晚。创业那么多年，我认为如果有成功这一说，那也只是一个时点的成功，创业是一条漫长的人生修行路，企业是创始人的道场，要时时刻刻检视如何能够更好地为客户提供更优质的产品和服务，永远没有尽头，只有更好没有最好。除非你只干三五年，为的就是上市成功套现，那么可能你是一个成功的商人，如果是把公司当作一辈子的事业来做的创业者，是没有成功可言的，永远只是在路上，在路上更新、蜕变、迭代、传承、留下来、成为社会进步的好环境……

我坚信，凡是有人的地方就一定需要教育，沃尔得教育只需要与时俱进地变革教学产品和服务项目，就一定可以为助人成长及为社会进步持续做出贡献，这几年，我一边经营公司，一边投身到生命教育，生命教育用沉浸式、体验式、启发式等开启我们的五感六觉，转识成智。**生命教育是万业之母，没有一个行业离得开人，把人育好才能把事做好**，没有人不向往此生能够生命健康、生活幸福，而一个人的精神健康程度，会影响一个人的成就感和幸福感，物质决定幸福的时代已经结束了，教育必须帮助人们找到物质之外的价值和意义！往后余生我就以此为自己的使命，与有缘人、合伙人一起活出健康与幸福，同时助力千万人走上生命健康、生活幸福的道路！

作为父亲，你的工作经历影响孩子的职业认知

很多人会觉得我的工作跟孩子的关系不太大。可能你会说：一来，孩子不参与我的工作，他可能也不知道我在做什么，对我的工作兴趣也不大；二来，我工作是为了创造物质财富，使家人过上有品质的生活。至于我做什么、怎么做，对他们来说不重要。我却不这样认为，我的事业经历了起起落落，孩子在这个过程中也渐渐长大了，反思和总结我在工作过程中对孩子的影响，分享给父亲们如下四点。

首先，让孩子了解父亲的工作内容。在就业之前，可以让他了解更多的行业，一起探讨行业发展的趋势；了解一些岗位，他的主要工作内容是什么，他对这个领域是否感兴趣，从他的角度，他是如何去理解职业和职场以及如何理解创业的。这些都是他提早去了解职业和事业的最佳路径，而不是要选专业了、要就业了再去了解，那个时候了解肯定没有日常的沟通探讨更深入、更广泛，而且那时候才对孩子施加影响，孩子甚至听都不会听，所以职业启蒙要从父亲的工作内容开始，起步要趁早。

其次，父亲重视工作的态度对孩子的影响。当父亲在孩子面前投入工作的时候，那种工作的状态会非常专注。你会说，在我工作的时候，我孩子经常会来打断我，他希望我跟他玩，这是很正常的需求，孩子希望有跟你更多的亲密互动。这个时候你可以跟孩子说："爸爸要工作半小时或者一小时，你可以去做你自己的事情。"学会在家庭里面各自做各自想要做的事情，互不打扰。这个也是在家庭里面相处

非常好的方式，那我们也需要提早教会孩子什么叫专注以及专注去做自己应该做的和喜欢做的事情是多么的重要，这对于他以后专注地投入学习也非常重要。

再次是父亲的工作热情。我们在家庭里面工作的时候，经常会接听一些领导或者同事的电话，在沟通的过程当中，尽量使用一些文明的语言、清晰的逻辑、一些客气的话语，保持稳定的情绪去跟别人沟通。你想象一下，如果你在家庭里面经常跟同事发脾气，在电话里面有时候还可能表现出对领导的唯唯诺诺，在孩子眼里，他是会鄙夷你的，如果你说脏话，他也会学会说脏话。孩子耳濡目染，影响是非常不好的。很多父亲非常不注意这一点，他们甚至不知，不好的影响已经在日常的工作电话里产生。

最后，有机会的话带孩子去你的工作场合。当你在工作场合当中谈笑风生，你的专业度所获得的认可，在这个时候都会体现在同事对你的尊重上，当你把孩子介绍给你的同事，孩子也能感受到父亲在这个环境当中的影响力，会增加你在他心中的威信和权威，也会让孩子产生自豪感。

每当我们希望孩子让我们引以为傲时，我们是否有想到在孩子的眼里，我们也能成为他们引以为傲的父母。

作为父亲，你的工作原则影响孩子的职业素养

不管是打工，还是创业，总结过去的工作经验，我一直坚持几个原则：

第一，追求专业。我做财务的时候就把自己变成财务专家，做营销就把自己练成营销专家，做公司管理就不断学习实践，追求成为高水平的管理者。尤其是做财务的时候，不会的、不懂的，一定要弄通，请教资历老的财务老师也好，自己查资料也好，必须要融会贯通，不能马马虎虎。追求专业就是我的做事态度，不管是过去还是现在，不会就学，弄会搞懂，一直就是我的工作态度。我也是这样跟儿子说的，不管是工作，还是科研，态度一定要端正，来不得半点应付，应付都是自己给自己埋下的坑，早晚一天跌进去，最后还是得多费几倍的力气往外爬，得不偿失。

第二，学会热爱。我做财务的时候就尝试热爱财务工作，做营销的时候就努力爱上营销工作，学会热爱是很要紧的本事。你说财务工作一板一眼，枯燥无趣有什么好热爱的？完全不是这样，我能从财务支出中控制成本管理，从财务营收中发现市场需求，从财务数据中发现管理问题……这对我来说是财务工作带来的价值，因此我也非常有成就感。做营销的时候，有些事儿我也很讨厌啊，本来不太会喝酒还得去应酬，晚饭吃一顿，夜宵吃一顿，到了KTV（营业性娱乐场所）还得再来一顿，这样的日子久了没几个人喜欢。但是，这不是营销的主要内容，更不能误解了营销，营销是一项综合的专业技能，做方案、做策划、做广告投放，都需要把握时机，了解市场需求，分析目标客户，那可不是喝酒能喝明白的事儿。当时每一个项目卖完的时候，我都很有成就感，因为教会了自己热爱，遇到问题我会去寻找解决方法，而不热爱甚至厌倦工作，所有的问题都会变成逃避的借口，时间长了，能力还怎么提高？格局怎么打开？人还怎么进步？现在经常看很多自媒体宣扬躺平，宣扬"00后"整顿职场，我看着还是有些痛心的，年纪轻轻，不管家世如何，都需要学会多给自己寻找机会，创造机会，去实现自己的人生价值，而不能因为短期的利益没满足，就宣扬躺平，社会变革与进步时时刻刻都在发生，淘汰的也只会是那些老想着要躺平的人。

第三，勇于担责。我母亲从小就跟我讲，"人不可以急功近利，要想做人上人，就必须吃得苦中苦"。最初打工的那段时间，每家公司差不多都做了5年，在这15年里，我经手的事，我都努力做到极致，不管这个事是不是在我的本职工作范围内，也是因为不断承担更多的责任，所以我才能一步步晋升。比如说，营销要跟各种人打交道，都是关系套着关系的圈子，我在公司的平台上，用真心诚意结交合作伙伴，即使我离开了，认可我的人依旧还是我的朋友，我从来不会说："这不是我该负责的事儿，我不去。"老板让我去协调各种事情，我觉得这是老板对我的信任，我很主动地思考去解决问题，最后我能力得到提升，朋友也多了，我何乐而不为呢？《高效能人士的七个习惯》里面叫作"双赢思维"，所有的事情我竭尽所能去做就好了，对公司来说是赢的，对我来说也是赢的，叫"双赢思维"。从另外一个角度讲，我这人爱面子，我希望别人尊重我的专业，认可我的人品，欣赏我做事的态度，或者说希望受人尊重，希望得到的评价是，"这个人挺不错，值得交往"。我们这一代人很淳朴的想法就是，你总不能让人评价，"这个人不怎么样，没啥水平"，被人看不起。所以无论干什么，就要干到出人头地，干到优秀，追求专业也就是追求卓越吧！

第四，持续精进。持续精进是指你一直在进步，不停歇地在进步。工作的时候，边工作边完成了专升本，我又学建筑预算，一栋房子造好了，我的签字是有法律效力的，因为我是中岗预算员，浙江省建设厅授予的证书，房子的造价结算多少钱，我的签字也是有法律效力的。我还学了建筑风水，会挑选好风水的房子，我会报很多的课去学。在这个过程当中，自己的眼界和视野也打开了，尽管后来所学的知识也不一定经常用得上，但是却让我保持了持续精进的状态，这个持续学习成长的状态让我受益匪浅。

第五，成就他人。慢慢学会带领团队是在创业之后，发现自己一个人没法完成那么多的工作，必须要团队配合，团队的人成长起来，自己才能有更多的余力思考公司发展。我就培养团队，具体执行的工作我就不干了，就听汇报，有了之前打工15年的积累，很清楚员工的汇报中，哪里有什么问题，再由我去指导团队改进，帮助他们成长。虽然我也不算多么知名的企业家，从一个创业者的角度谦虚地说，我认为创业很关键的是创始人的使命、愿景和价值观，因为它引领企业走到什么高度取决于此。我创办沃尔得教育伊始的使命就是"让更多的中国人能够快乐、便捷、自信地掌握流利英语，实现成功梦想"。来学英语的人，不是为了学英语而学英语，要么是为了晋升，要么是为了升学，要么是为了国际贸易等，帮助他们实现目标，我的使命才能完成。使命需要员工认同，与员工共建愿景，跟员工一起实现目标。从我内心来讲，这个使命一直很坚定，在创业的时候，我也很注重去打造这一使命下的企业文化，形成共同的价值观，为客户提供英语学习和培训服务。此刻，沃尔得教育的使命是"倡导与践行终身学习，在员工物质与精神富足的同时，帮助更多人生命健康与人生幸福，为社会与人类进步做贡献"，我们的未来就是成就更多的人的美好未来。

第六，坚守底线。回想那时候，自己真是很努力，从早工作到晚，不知疲倦。我的意志力是超强的，遇到困难就想着怎么变革，从来没有觉得要放弃，反正常常口头挂一句话"兵来将挡，水来土掩"，相信办法总比困难多。我自己财务出身，所以税收方面我始终觉得这是一条底线，要守好。我周围的企业家，事业规模做的比我大得多，但是底线没守住，偷税漏税，行贿受贿，被抓进去的也有。这样赚来的钱，时间一长又会流出去，存不住的呀！安安稳稳地赚钱，也没有什么大钱，但是每天睡得着觉，不去侵害公共利益，谋取自己的利益，做得久了也能赚到钱。这也是一个资深创业者给年轻创业者的忠告，没有必要为了短期利益，挑战法律的底线，到最后纸是包不住火的，你和你的公司都输不起。这些话，是我想说给读者听的掏心窝子的话，创业就踏踏实实地创业，不要搞什么歪门邪道，贪婪的欲望越养越大，最后很可能会失控，会把一手好牌打得稀烂，真的不值得。人生苦短，没有那么多从头开始的机会，所以如果创业就扎扎实实地创业，守好底线。

要说我和工作的关系，我工作的过程就是我一直寻找生命价值的过程，从在不同的岗位上确认自己的价值，到自己创业确认自己的使命，到现在追求生命健康和人生幸福，都是在不同的层面去探索和追求生命的意义，在工作中探索和实践自己的价值，这就是生命本身的意义。

父亲的财富观：培养孩子的财富思维

有时候我会听到一些父亲讲"爸爸赚钱很辛苦！孩子你要……"很多的小孩在很小的时候，就被植入了"赚钱很辛苦"类似的认识，这种对父母的负疚感和匮乏思维的束缚，会让孩子的目标长在赚钱上面，但是他不知道为什么要赚钱，通过什么方式去赚钱，却被捆上了赚钱的枷锁。父亲在孩子的心底植入了欲望和束缚，希望会成为孩子未来工作的第一驱动力，束缚也杀死了孩子工作意义的价值。我觉得这样做是非常不负责任的。

父亲的认知：五大财富认知帮助孩子树立正确的财富观

从小教育孩子的时候，父亲就需要给孩子树立正确的财富认知。

第一个认知，认识金钱。金钱是我们生活的一种基础保障，我们需要通过自己的劳动，通过为别人解决问题、创造价值，去换取我们应得的财富。比如说，你有了一个自己的发明创造，你做出有用的产品可以卖给别人，借此赚到一些钱。你也可以掌握一个技能，比如做出好吃的美食，靠你的厨艺赚到钱，这都是一个人获取财富的正确方式。劳动不分贵贱，只要你愿意去做，你就能获取到你应得的报酬。如果你觉得这些不够，可能是你的能力太小了，也可能是你的欲望太大了，能力太小了就去提升自己的学历和能力，获取高收入的工作机会，或者找到好的商机去赚钱。欲望太大了，就自己多修炼，把自己那些虚无无意义的欲望降下来，父亲不仅只是说，还要做给孩子看，他只要去效仿就可以了。

第二个认知，要通过正确的渠道去赚钱，也就是赚该赚的钱。首先，赚钱要遵守一定的规则，作为父亲，我教育自己的孩子，支持他去为别人创造价值赚钱，但是从我个人的角度讲，我不支持他去开发游戏，利用别人的弱点和欲望去赚很多钱，是我不太支持的方向，我希望他能够为别人创造真正的价值，顺便赚到钱。同时要认识到赚钱要坚守一些底线，遵守法律与规则，所谓"君子爱财，取之有道"。

第三个认知，财富是流动的。赚来的钱要好好地打理，不然它又会从你的口袋里流出去。赚了钱要学会存储，不是把它无节制地消费掉。

第四个认知，要有投资思维，也就是会"钱生钱"。赚钱不仅仅是通过自己的劳动，还可以专注机会进行投资。跟孩子讲讲什么是投资理念，什么是投资收益比，让孩子理解，还有一些收入叫"税后收入"，同时，也要指导投资风险，并不是说你的所有投入都会有产出，还可能血本无归。让孩子懂得投资的盈亏，像极了人生，能够接受自己决策和投资的失败。

第五个认知，懂得付出，也就是"财布施"。赚来的钱可以拿去做公益，帮助那些困难的人。为什么要捐钱，你会说，为了避税，国外的很多企业家都是为了这个目的。确实在某些国家和地区，企业通过捐钱会有一些税收优惠或者其他战略性投资考虑，还能提升企业品牌形象等，但是不要颠倒了次序。创业时间长了，你会发现成功来自于机会，来自于社会的同步发展你分到的一杯"羹"，我们有责任回馈社会，而且财富在一定意义上也不是自己的，生不带来，死不带去，除了给孩子留一些，回馈社会就是最好的方式。通过捐款，他们可以帮助推动社会的进步和发展，实现自己的价值观和使命感。

这是我教育栋栋的五个基本财富认知，希望对你教育孩子有所启发。除此之外，我还有一个小小的建议，不要张嘴闭嘴就是"爸爸赚钱不容易"，上演这种苦情戏码，孩子很难听进去。如果想让他明白，不妨带他去体验，让他有切身的感受，而不是父亲一味说教，说教会适得其反。工作的价值让孩子自己去发现，我们人生要工作三四十年，每天朝九晚五的白昼光阴都献给了工作，如果孩子没能学会热爱他的工作，那他白天的意义是什么？又让他如何去应对工作占据了年富力强那么长一段时间的宝贵人生？

父亲的做法：父亲与儿子签订的协议

在2007年，栋栋12岁，入读上海国际学校初一的时候，每年的支出不菲，我就跟他签了一份人才培养协议。协议大概的内容就是在他就读国际学校直至他上大学，或者到研究生期间，所有的学杂费开支在将来他工作之后10年内归还，每年归还10%。当时我向栋栋解释好每一条之后，也没什么犹豫，他欣然签下了这份协议。

这份培养协议让栋栋从小就知道他要对自己的选择承担责任。

父母抚养他，给他好的生活和教育条件是我作为父母的义务，在他的成长过程当中，他能享受到这些待遇，同时他也有必要知道他每年的学习花费了大概多少钱，父母为他的学业进修支出了多少成本。在他的成长过程中，他对这个是有认知的。我发现很多的家庭，孩子并不知道每年父母在自己身上开销多少。以上海的中产家庭为例，孩子除了衣、食、住、行的支出，还有各种培训班的支出，少则十几万，多则几十万，如果是从小上私立学校，再上国际学校，支出还要更高。让孩子知道自己每个月、每年的开支，他就会知道父母不但付出了爱，还实实在在地花费了很多财力。他多少也会知道自己的成长是有各种代价的，不会对此茫然不知，毫无概念。很多时候说教没有用，尤其是父亲跟儿子之间的沟通，偶尔用数据说话，反而更高效一些。

我跟孩子签订这份协议的目的不是为了让他还钱，但是当我们一起讨论这个话题时，当他知道这么多年确实花销不小时，他越来越懂得要自己努力学习，而不是靠父母唠叨了，尤其是上了大学之后，我都没有再废话了，因为他已经知道要靠自己努力了。尤其是我事业遭遇瓶颈转型的那段时间，他也知道我切切实实的不容易，他还需要我说什么吗？根本不需要，他反而回过头来鼓励我，自己也会在合适的时候做兼职，赚取一些额外的收入，虽然我的转型不至于影响他的学费支付，但是他已经懂得该承担自己的责任了，这让我非常欣慰。

我跟儿子签协议的做法不一定适合你，但是肯定能带给你一些思考。

"你要努力学习啊，你要考上大学啊，你要……"当我们对孩子的这些说教不起作用时，就要思考哪里出了问题，改变一些做法，就可以起到更有效的作用。

♡ 父亲的权力观：塑造孩子对权力的态度

我没有做过官，对我个人来说，所谓的权力，无非就是经营公司的话语权，但我认识很多为官的朋友，再加上这几十年的经历，对权力也有了自己新的理解。权力，就像是一种放大的"能力"，它可以让你有机会做出每一个决定，影响其他人或者事物。小一点说，父母有权力决定三餐吃什么，大一点说，权力大的人，他们的决定可以影响到整个国家。但是，拥有权力并不意味着为所欲为，我们需要有节制、负责地使用权力。权力会给人带来很多的便利，而且权力越大越会拥有权力的影响力，会让很多人误以为那是自己的影响力，从古到今的各种贪官污吏，都是无节制地使用了权力，甚至超越了法律规则边界。

权力的认知：父亲如何教会孩子理解权力

我不知道孩子是否会从政，所以有时候我也会跟他聊一聊权力这个话题。

我不喜欢应酬，觥筹交错，虚与委蛇那一套，年轻的时候我本就不太愿意做，以前看到朋友晚饭吃一餐，KTV再吃一餐，夜宵再吃一餐，把身体都搞坏了，家庭关系也不好，我觉得不值得。所以我做教育之后，我更不愿意应酬了，所以我不去巴结那种权势，也不去低头哈腰，我的客户在大街上，我就靠市场营销，用好产品好服务传递好价值给客户，去赚我可以赚到的钱就可以了。

我还有一个朋友，很年轻，当了公务员，他的家庭条件不够好，父母也帮不了他，需要用钱我就借给他。我跟他说："老弟你不要去拿别人的钱，那个是无底洞，即使你搞来了很多钱，你将来都没命花，品质生活其实花不了很多钱，一家人生活开支也用不了多少钱的，无非孩子读书，老人看病费点钱，你通过合适的渠道都可以赚到，没必要用权力去置换。"他一路从副科长升到当地某局的局长，现在发展得也很稳健，他说很感谢我当年的支持和分享，我们现在还是好朋友。

我觉得对于一个男性来说，他很希望在社会上获得一定的地位和身份认可，这也是他们努力追逐权力的目的。但是一旦进入权力的赛道，他们会不知不觉被权力所迷惑，以为有了更高的权力就能拥有想要的一切，那是一种幻象。遇到"权力寻租"，在这种状态下很难抵抗，作为父亲，保持一定的觉醒，做好本职工作，区分自己和职位的关系，掌控欲就会得到节制。

权力的边界：自我的边界重塑和欲望克制

权力是有边界的，它有一定的行使范围和界限，在政治和法律层面，权力的边界通常是由宪法和法律所规定的，这些法律明确了政府或组织的职权和责任，规定了权力的具体内容和行使方式。超出这些边界，权力行使将不再具有合法性和合理性。具体来说，权力的边界包括以下几个方面：不踏出法律的边界，权力的行使必须符合法律的规定，不能违反法律的原则和精神。法律对权力的种类、范围、行使方式等进行了明确的规定，权力行使必须在法律框架内进行。不触碰道德的边界，权力的行使必须符合社会公德和道德伦理，不能违背社会的良心和公序良俗。道德边界是权力行使的重要约束，它要求权力行使者必须具备高尚的道德品质和良好的职业操守。不逾越职责的边界，权力的行使必须明确职责范围，不能越权行事。每个职位都有其特定的职责和权限，权力行使者必须清楚自己的职责范围，并在职责范围内行使权力。不跨越利益的边界，权力的行使必须考虑各方利益的平衡，不能损害公共利益和他人的合法权益。权力行使者在行使权力时，必须充分考虑各方利益的诉求和平衡，确保权力行使的公正性和合理性。

  人会逾越权力的边界，或许是因为法律意识淡薄，对法律缺乏必须的敬畏，或者对相应的法律条款不甚了解。道德跟每一个时代有很大的关系。时代在变化，人的道德底线也会一直在浮动，它没有实际的约束，很多人也会逾越道德的边界，人最容易逾越的界限就是利益的界限，当人们被利益所驱使，触发了人性的弱点，很多人会经不住利益的诱惑，跨越这道边界，以至于犯下一些必须受到惩罚的错误。当我们认识权力的时候，其实是要重新去认识自我的边界。当一个人具有很强的自律性，懂得法律的边界不能逾越，不断地提高自身的修养，不去逾越道德，在自己的职责范围内做事情，又没有很大利益欲望的时候，这个人也不会被权力所诱惑。

当你成为一个父亲的时候，也就意味着你的自我边界需要不断重塑，我们的欲望也需要得到节制，这种自我边界的重塑和欲望的节制，会让我们的人生攀登上巅峰。虽然自我的重塑和欲望克制有可能是违背人性的，也正是逆袭人性的这条路，能让你看到人生不一样的风景，比如曾国藩，他的自律和节制，让我非常钦佩。一个男人懂得节制欲望并且有极其自律的修养，展现了当时的社会环境里独特的高级感。

目前社会还是男性议政、执政为多，我常想，我们这一辈该为后辈留下什么呢？我想应该是：好体制、好机制、好政策、好规则、好环境！孩子的成长是"无为而治"的好例子，**他们在怎样的环境中成长，他就长成什么样子了，我们如何对待，孩子就如何成为**，给他们一个好的家庭环境、社会环境及好的制度和机制环境成长，他们就个个长成好孩子、阳光孩子，活出天赋使命，为这个世界贡献才华的孩子，反之就是所谓的"问题孩子"，父亲们啊，责任在谁？！

❤ 父亲的亲密关系：孩子幸福感的源泉

我已经结婚30年了，回望自己的婚姻，也经历很多风风雨雨的考验，我很庆幸的是不管多大的风浪考验，最终我们都没放手、一起走，我很感激我太太。年轻的时候，《新白娘子传奇》的电视剧很流行，主题曲有几句是这么唱的："十年修得同船渡，百年修得共枕眠……"夫妻的缘分，就是这一世来共修的。

此生，我们这一代人总感觉一个人不能过，否则总好像缺了一点什么，找个人做个伴也好，传宗接代也好，可能只是需要一个异性的关怀，自己做事业，再有一个家才觉得完整。三十而立，成家立业，从一生来讲，男人也好，女人也好，总想找一个伴，完整和圆满自己的一种人生。找不找得到满意的另一半另说，相信每一个人对爱和幸福家庭还是有期待的。

一个人遇到另一个人，其实都不会是偶然的，尤其是能够结婚的人，相信都是命运的安排。两个人遇到了，彼此动心动情，然后开始结婚一起过日子，开始考验彼此的包容能力，你要包容他的缺点，她可能牙膏不按照你的习惯挤，他的袜子可能到处乱丢，这种七七八八的事情就来了。我和我老婆洗碗的流程就不一样，她喜欢放一堆脏碗一起洗，我喜欢一个一个把脏碗洗出来……很多生活小摩擦，也是经常会争执两句。

当中可能会经历所谓的"七年之痒"，争执也会变成冲突。我感情比较细腻，反而太太比较心直口快，嗓门也大，时常被她说的我火冒三丈，她嫌弃我创业不顾家，我觉得她不够温柔，总之那段时间两个人就是彼此看不顺眼。每一段关系都需要成长，那段时间我的进步也快，她一直照顾孩子还有彼此父母，特别是照顾我的父母很辛苦，看似没有学习进步，就感觉两个人对话很难调整成一个频道，一个是财经频道，一个是电影频道，就是对不上。我的事业不停地往上走，也在不停地学习，见识也多了些，两个人确实那段时间也不同频。

后来，我意识到与太太的问题，就带上太太一起去上幸福修炼课，一起同修共同成长，也是为我们受伤的婚姻寻找生机，也是为了救赎。从那以后，我和太太的感情比从前都要好，感情似乎到了新的境界，后半辈子我会牵着太太的手一路走下去了，从爱人到同修，也不是每对夫妻都能有的福气，我现在很珍惜。

我记得好多年前我儿子在给我打分的时候，打及格分，跟这个也多少有点关系的，是我和他敞开心扉沟通的时候，他告诉我的，我和他母亲有阵子矛盾比较大，这个事情对他内心的伤害是有的。长大之后，听到儿子跟我说这些，我就很羞愧，你说还敢胡闹吗？不敢了，看看自己做的事情，对一家人的伤害，真的不敢了。

其实夫妻一场就是来让我们自己变得更好的，好多夫妻过不下去，离婚了，再找一个同样还是要互相包容，前任的老毛病可能现任没有，但现任的新毛病依然也会有，一样需要包容，"夫妻共修"一样逃不掉的。离婚了，哪怕不再婚，一样也需要成长，我们的孩子依然要学会跟另一半经营亲密关系。

我们来这世上走一遭，早晚都得要一个人先走，再好的感情，不会两个人手拉手，最后一起走，这是很难的。不管是夫，还是妻，最后都是一个人完成自己的生命课题。

经营亲密关系：父亲如何解释和处理亲密关系的冲突

父母关系的稳定是孩子安全感的前提，不管离婚与否，家庭里如果经常吵架，互相指责，互相埋怨，不好好说话，受伤的一定是孩子。作为父亲，我们也有义务和责任，经营好家庭氛围，而不仅仅是家庭经济支出的包身工。

有段时间跟太太关系不融洽的时候，我也非常痛苦。那段时间也会影响我们跟孩子的关系，三个人的关系都变得微妙而焦灼。从性格上来讲，我的情感比较丰富，我有时候会渴望能有一个比较细腻的人能够懂我。但我太太性格比较直爽、比较粗线条，非常独立，她也不是很细腻，有的时候我觉得她根本不懂我的想法和感受，因此我感到非常痛苦。

比如说，我讲一个生活细节，刚开始创业那段时间，我睡眠质量特别不好。当我还没有睡醒的时候，因为太太睡觉前没有把窗帘拉密实，有光线透进来，我可能就会突然醒过来，责备太太粗心，跟太太发脾气，那时候虽然也是老大不小的人了，也像个大男孩子一样不懂事。经常会因为这样的小事情起一些冲突，后来想可能是因为潜意识里责备她对我的理解不够，再加上那段时间我压力比较大，我只是需要一个情绪的出口，总是会各种找"茬"，所以男人有时候结了婚，也未必是长大了，一定要经历一些事情、一些考验才会长大。

后来，我因为难受，就去读了很多心理学的书、亲密关系的书，想一些解决问题的办法。比如说《男人来自火星，女人来自金星》《男人需要尊重，女人需要爱》，这让我重新认识了亲密关系，然后意识到了在思维模式、情感需求、表达方式上男性与女性之间的差异，我也开始渐渐懂得我太太内心的需求，去体谅和理解我的太太了。

这些年我的太太给了我很多实际生活的支持，尽管我们之间会有一些摩擦，但是她每次在我遇到困难或者遇到人生低谷的时候，都会坚定地站在我旁边支持我，让我一次一次感受到家人的力量！所以后来，我会跟太太一起去上中国台湾的圆桌课程，尤其是这几年我和太太都一起在盖娅生命教育课程同学共修，觉察很多，但收获巨大！我觉得我有必要跟我的太太一起为更多人的家庭幸福去付出。在我跟太太上共修课的过程当中，我们的亲密关系也得到了非常好的升华。

当代社会很多的男性可能非常排斥看一些亲密关系类型的书，哪怕读书也会选择宏观经济、商业模式、人文历史、哲学军事居多，不太会涉猎亲密关系的书。我倒是非常建议，作为父亲的你去读一读，关于幸福，从你开始认识到你有责任让你们更幸福，而不是简单的包容和将就。

我可能比较传统，我总觉得与一个人白头偕老是幸福的归宿。所以我也希望父亲们能够经营好自己的婚姻，在婚姻经营上多了解一些符合当代女性需求的沟通方式。太太有哪些心理需求你知道吗？

第一点，安全感。你把家里的积蓄，还有财产交给太太去打理，把管家的责任交给她，把全家的幸福放到她的手上，有了孩子的母亲一般责任感都很重，她会非常用心地付出，照顾好一家人。你这样做，她也会很有安全感，钱都交给太太之后，你手上也没有多少闲钱，也会避免很多其他的麻烦。

第二点，惊喜。要时常给太太制造一些惊喜，生活总归是很平淡的。时常送出一点小惊喜，能让太太在烦劳的家务生活以及繁忙的职场工作当中得到一些调剂，她也会感受到你的爱，感受到爱的女人，她的幸福感是会洋溢在脸上的，她如果觉得很幸福，整个家庭的氛围也会变得非常愉悦。

第三点，成长需求。先生要带太太一起成长，太太也有成长的需求，而且当代女性成长的需求明显要强于男性。当你的视野有所提升，你的眼界越来越开阔的时候，及时送太太去读一些学习班，或者是说一些总裁班、生命成长类课程等，让她和你的沟通语言保持相应的同步，甚至在条件允许的情况下，让她参与你的一小部分事业，或者支持她去做自己喜欢的事情，那两个人的关系就会在同一个发展的轨道上，大概率不会发生太大的偏离。有了这三点打底，再加上好好说话，智慧的沟通，家庭里面就不会出现大的危机。

亲密关系的冲突，当一方不能忍受的时候就开始改变。对于父母依然保持婚姻关系的家庭来说,如果其中一方选择合适的方式去优化婚姻关系,在不懈地真心付出之后,夫妻间的亲密关系会得到一定改善,比如,阅读一些有关心灵成长与幸福类的书,去更深入地了解和认识亲密关系;也可以去上生命成长与亲密关系的共修课程,提升亲密关系的质量;实在无法内部调合,还可以去看心理医生等。

关于经营好亲密关系,我还有如下三十六字箴言:夫妻或情侣之间,哪怕是父母与子女之间,对方是自己的镜子,照见的是看不见的自己!在这份关系里,没有别人,只有自己!时刻记住:错要认,对要让;欢喜做,甘愿受;好好地,修自己;万事愿意,诸事圆满;一切是自己,自己是一切。

在盖娅生命教育课程体系中,有一堂是《神仙伴侣》,只有夫妻或确定关系的情侣才可以上,而且之前男女都各自要上过男神和女神的基础课。课程中,老师把夫妻关系划分为五个次第:首先是冤亲债主,男女能够结婚在一起过生活,一定是前世的姻缘,所谓不是"冤家"不聚头;其次是欢喜冤家,有时吵吵有时和和,时合时闹,有欢喜也有摩擦;再者是灵魂伴侣,彼此间遇到任何问题矛盾困难,彼此开始觉察自己,从自己身上找原因,把对方当成自己的镜子,开始修自己;第四是真爱伴侣,彼此欣赏、肯定、鼓励,彼此给予对方无条件的爱;最后是神仙伴侣,彼此始终赋能对方,成全与成就对方,彼此是对方的灵感,彼此的智慧不断跃迁至更高维。父母们,你们目前处在哪一阶段呢?前方是否还有下一个次第等着你们呢？

弥补遗憾：即使父亲未能成功经营亲密关系，仍有机会弥补

因为我后来的事业当中，有一部分工作是做家庭幸福的公益导师，在这个过程当中，我发现离婚对父亲的精神创伤是被社会所忽视的。在离婚的过程当中，孩子的抚养权大多会归母亲所有，这也就意味着父亲会从心理上有失去孩子的剥夺感。对于那些不会因此感到很痛苦的父亲来说，他很快可能就会再婚，成为另一个家庭的成员，甚至生育另一个孩子，开启新的生活，以愈合这段婚姻的创伤。但是对于那些深爱自己孩子的父亲来说，他们就会渴望赚更多的钱去讨好前妻，并通过前妻联系到自己的孩子，继续维系孩子对他的尊重。作为一个养家糊口者，这个角色减轻了他内心的负疚感的，在《父性》这本书当中也强调了这一点，不管因为什么原因离婚，孩子离开父亲都会成为折磨父亲的心理痛苦，尤其是那些深爱孩子的父亲。折磨最后还可能演变成一种抑郁根源，这种抑郁往往很多父亲并没有意识到。离异的父亲如果没有再婚，又没有试图去加强跟孩子的关系，这种心理不适会形成一种恶性的循环，这直接导致了父亲角色的坍塌。他会觉得自己父亲的这个角色受到了羞辱，他会拼命努力去获取物质和事业上的成功，而一旦他在事业上无法获得相应的成功，他就会陷入人性的负向循环，这是很多中年男性所面临的困局。

我们的社会已经给很多的母亲，尤其是离异的母亲提供了很多的力量支持，而对离异父亲的支持是比较少的。在这方面，我想给离异的父亲们几个建议。

> 第一，要从心理上去正视和接受跟孩子分开的事实，但这不是对自己人生的完全否定，哪怕你真的犯了错。
>
> 第二，去维系和重建跟孩子的关系，包括跟前妻的关系，即使你们已经不是夫妻，但是依然无法改变你们还是孩子父母的这个事实，不是逃避而是去改善关系。
>
> 第三，即使重组家庭，也要维系跟孩子之间的联结，只有这样你才能将离开孩子的负面影响减轻到最低，也可以极大程度地减轻你内心的负疚感。
>
> 第四，也就是最后一点，才是去承担父亲的经济角色，去追求事业上的成功，去接受自己婚姻的挫折，然后树立积极的信念，选择好的商业机会，让自己的事业更上一层楼。当自己经济上获得一定成功的时候，在经济上才能更多地给孩子提供更多的支持，提供经济支持并持续付出爱，是对自己和孩子的积极疗愈。

希望这些内容可以启发离异的父亲启动自我觉察，意识到离婚的精神创伤，而不是陷入一种负向循环，无法自拔。

[第六章]

责任的修炼

要使一个人显示他的本质,叫他承担责任是最有效的办法。
——英国小说家、剧作家　威廉·萨默塞特·毛姆

♥♥ 人格塑造：父亲的自我责任

要一个男人承担好家庭责任，很多人会忽视一个很重要的前置条件，就是一个男人对自己的责任。我见过很多年轻人，喝酒无度，熬夜追剧，饮食也不太注意健康，对自己的基本责任完全是忽视的，认为年轻就可以恣意妄为。从我的观点来说，一个男人对自己的言行举止如果不够负责，他是很难为别人负责的，古语有云：修身、齐家、治国、平天下，修身是放在第一位的。对自己的关注，除了健康，还有品德、修养和行为，都是要有所约束的，君子有所为有所不为也是从年轻的时候就开始从自律培养的。在这里要区分，自私和对自己的责任，自私是在面对机会和利益时把自己摆在第一位，甚至这种自私是来自于潜意识的，就把自己的欲望和需求放在第一位了；而对自己负责，是从个人的长期利益和社会价值观的角度，去约束自己的思想和行为，是一种修为。就像自己犯了错，就要承认错误，承担责任，而不是逃避或者说谎，更不是用其他的事情去掩盖错误，以至于错上加错，这是不负责任的表现，敢于承担自己的责任，并承担因为自己的错误行为带来的后果，只有敢于承担，一个人才能成长，才能成熟。一个成熟的人，才能扛起一家人生活的责任，成为一位勇敢的、真正给家人支撑和保护的父亲，这份修炼是心智的成熟，跟他的事业大小没有必要的关系，这是成为父亲的必修课。

父亲的持续成长是孩子学习的榜样

父亲的持续成长，就是要做好"三生有幸"，也就是对生存、生活和生命的体验都要幸福。

一个家庭要在社会上生存，作为一个男人，要持续具备让自己和家庭有持续的生存能力，身体健康、物质生活和经济基础都是生存的基础，都需要持续关注才能具备长期生存的能力。尤其是经济基础的保障，市场环境里竞争变化是很快的，一个行业的起起伏伏也很明显，比如，教培行业、房地行业……很多的行业都有周期，所以作为一个父亲，要保持持续成长，提升自己和家庭的生存能力。生存能力也是需要学习的，不是一成不变的，掌握新知识、学习新技能、探索新行业、寻找新商机，对生存保持一定的危机感，是一个父亲需要具备的成长素养。

接下来就是生活的幸福，要对自己的生活有要求，夫妻是和谐的，亲子关系也是要和谐的，生活不必过得多奢侈，但是生活品质一直在提高，生活体验一直在丰富。我会带家人国内外旅游，带他们去看世界，带太太一起学习上课，感受每天的阳光雨露、四季的冷暖变化、长白山的天池变化莫测、三亚的海浪冲刷着细沙、埃菲尔铁塔下的相拥、埃及金字塔旁边的凝望……日子里满是幸福的气息，我也在持续学习经营自己的幸福生活，而不仅仅是忙于工作，牵着太太的手走在世界的任何一个角落，拥着儿子宽阔的肩膀去讨论脚下的路，时光里的美好，比账户上多出多少财富更值得我拥有。

然后就是我对自己生命的修炼与探索，我追寻生命的价值与意义，不停地读书、学习来让自己的生命领域过得更宽广。我为什么活着，我的使命是什么，我愿意为别人付出什么……这些是我对自己生命意义的追问与探索，然后它让我一直在路上。多年的学习，让我更容易联结到很多人，那种人与人沟通的心领神会，让我能体验这种丰盛感。我觉得相当长的时间，特别是有两三年，我和孩子的关系，有点心心相印，我们是相通的，哪怕他人在英国、在新加坡，不管在哪里。夫妻之间，很多时候如果能有一种到心灵相通的状态，精神层面的幸福也就有了。我之前有讲过夫妻之间彼此的圆满，我很爱你，你也很爱我，但我们不用说刻意为彼此做些什么，你才体会到我对你的爱，真的就到了那种心照不宣的地步，或许这就叫心心相印吧。我一直在修炼自己，学习沟通，学习情绪管理，学习共情，是这种持续的生命学习让我体会到更高级的幸福感。

我们学习生存技能、经营生活和修炼生命，孩子受到的影响就是他会从不同层面去建构自我。如果一个父亲学习生存技能，持续成长，他不断提升自己的生存能力，孩子也会学到这些。如果一个父亲学习经营生活，我相信他也会觉得对自己的家庭负责，同时他在这个过程当中会感受到家庭给他的温暖和安全感。如果一个父亲不断修炼生命，建构自己的人格和边界，从小孩子就会具有很大的格局，他未来肯定不会做那些不利于社会发展的事，他也会去承担更多的社会责任，也比较容易成功。

"吾十有五而志于学，三十而立，四十而不惑，五十而知天命，六十而耳顺，七十而从心所欲，不逾矩。"成家立业，先成家后立业，什么时候把什么事情做好，什么时间做什么事，每一个时间段，把该做的事做好，活成更好的自己，那就是成功的人生。为人父母也需要一直持续成长，活出更好的自己，找到自己的热爱与天赋才华，完成自己的使命，这几年我在介绍自己的海报上写下我的使命和愿景，可能和公司的战略有差异，这很正常，都是独立法人，我们都要做自己欢喜和热爱的事。

刚开始可能我们为了找份工作，为了什么慢慢爱上"他"，成为了专家，然后能养活自己，然后能成家立业，能够有所证明或者成就自己。接下来更多的可能是自己真正的热爱，渐渐也就明白了大的使命和愿景，就如："为天地立心，为生民立命，为往圣继绝学，为万世开太平。"这些年我看到那么多亲朋好友的家庭，孩子出现这么多的问题，就是越来越感受到自己那一份可以发挥自己才华的又能助人的使命。

我的使命也在持续成长的过程中伴随着事业的发展而不断明晰。2005年的沃尔得使命是：帮助更多中国人快乐便捷掌握流利英语，实现成功梦想。当时，我觉得公司的使命就是我的使命。当下的一些思考以及现在整个教育环境、家庭环境中孩子的生命状况，就让我觉得要助力千万中国家庭生命健康、生活幸福，作为我下半辈子的使命，愿景是：世界壹心天下大同，我觉得"人类命运共同体"也是这个意思。沃尔得的使命演进为：倡导与践行终身学习，在员工物质与精神双富足的同时，帮助更多人生命健康与人生幸福，为社会与人类进步作贡献。

对于这些经历是一步一步来的，做教育，就是做真人、做口碑、做诚信，是一辈子的事，这是我的座右铭。我越来越感受到自己内心真正的深层次思考：这辈子来到这个世界到底能做多大的事，能帮助多少人，成多少事，因为我们做人还是得从事上去印证。

💕 家庭幸福：父亲的核心责任

很难说，一个男人是从感受到孩子的胎动的时候，还是从照顾太太孕吐，陪太太多次产检的过程中，或者是看到医生从产房里走出来把孩子抱到自己面前的那一刻，他开始确认自己已经成为父亲这一事实的。每一个父亲确认自己的身份，或许开始于不同的情景，但是毋庸置疑的是，父亲的责任是从有了孩子开始的。

家庭幸福跟物质基础的稳定、家庭关系的和谐、家庭成员的同步成长关系密切，这些都建立在一个父亲对自己家庭责任意识的认知上。

父亲的家庭责任意识

在成为父亲的喜悦之中，他开始慢慢懂得男人除了丈夫这一角色，还有父亲这一神圣的职责。对于一个家庭来说，父亲的主要责任分为三大部分。

首先，父亲承担了家庭的经济责任。在现代社会中，尽管这一责任不是父亲独立承担的，很多家庭太太或多或少也承担了一部分。作为父亲，努力工作或者经营事业，为一家人创造安身立命的物质条件，是父亲肩头的一份责任，无论是成功的企业家，还是努力获得一份收入的打工者，养家糊口都是不可推卸的责任。虽然工作很辛苦，绝大多数父亲们也是心甘情愿承受着这一切，他们理所当然地认为这就是作为父亲必然的担当。一个幸福的家庭，未必需要多少财富积累，但是满足基本的生活要求、维持基本的生活运转，是家庭幸福的条件。

其次，父亲需要给家人安全感。除了基本的生活保障外，父亲对家人的坦诚与真实，会给太太和孩子充足的安全感，现代社会婚内出轨的情况很多，对婚姻带来了很大的伤害，其中最大的伤害莫过于创伤了另一半的信任，而信任一旦崩塌，安全感就会消失殆尽。保持一家人之间的信任关系，会给家人带来充足的安全感。父亲的包容会给家庭创造稳定的情绪氛围，太太的情绪也会比较稳定，父母的情绪稳定，孩子也会有安全感，相反，如果父母关系失和，父亲不够成熟，教育孩子的时候大吼大叫，对孩子的安全感损伤也是很大的，孩子也会在不安的心理状态当中长大。当一位父亲意识到，自己需要给家人创造并维持安全感，也会比较自律，不会轻易做出一些让家人觉得不信任、不理解的事情，影响家庭关系。

最后，父亲有必要分担适量的家务。竞争激烈的市场和职场环境，会让每个成人承受很大的工作压力，每次下班回到家的时候，总感觉十分疲惫，有的父亲回到家就开始打游戏、玩手机，寻求放松，而没有关注到需要做饭、带娃、辅导作业的太太也需要休息放松，这个时候就容易激化家庭矛盾。无论工作再忙，再事业有成，都改变不了一个男人作为丈夫、作为父亲的角色，就需要承担一部分家务。当父亲以身作则，做饭、清洁洗手间……帮太太分担一些家务的时候，孩子也能看到父亲对母亲的关心，孩子慢慢也会体谅父母，分担家务，学会照顾他人。

当然父亲的责任不止于此，最起码先做好这三点，会十分有助于家庭的稳定与和谐。为了承担父亲的责任，每一位父亲需要尽可能地提高三个层面的能力，这三个层面依次是生存、生活和生命层面。生存层面的能力包括保持健康和安身立命等，生活层面的能力包括相互协作和积累物质财富等，生命层面的能力包括发掘才华和沉淀精神财富等。父亲应当在承担家庭责任和工作责任的过程中，不断提升三个层面的能力，来满足幸福和自我实现的需求。

♥♥ 传承家风：父亲的家族责任

当代很多家庭，因为只有一个孩子，像以前那种人丁兴旺的大家族就变得比较少，而我作为一个父亲，慢慢意识到，家族的血脉传承也是自己不可推卸的责任，传承中华文明的优良传统文化，传承家风、家训、家文化，也是一种文化自信的表现。赓续血脉，传承家族的基因，传承值得代代延续的做人做事朴素的基本原则，是我们中华民族生生不息的微观表现。

家族传承：感谢父母对我的养育之恩，感恩家族的血脉相承

父亲的责任不仅限于责任，我作为家族中的一员，也充分认识到我同样承担着家族文化传承的重任。

老祖宗有句话叫家和万事兴，家和万事兴是说夫妻之间，夫妻和上一代之间，以及在兄弟姐妹间，看似简单一句话，而要做到家和，真的是彼此要修自己的，不修肯定达不到彼此和谐的氛围。你的家庭和睦的背后肯定都是父亲或母亲那种自我的觉察，以及说我要去学习，最后说明白原来是我要改变，我要去修，所以才能到家和万事兴，一个家族、一团能量是合一的能量，这个家族就很厉害了。

当我们什么时候才能够好好的、了无挂碍地离开呢？那就是所有关系都圆满了，人世间所有的关系，包含和父母的关系、子女的关系、夫妻的关系、家族的关系，以及与企业的关系、金钱的关系、朋友的关系，与所有这世上爱你的和你爱的人的关系都圆满了，那就了无遗憾了，大家说是吗？

先讲讲我父亲的故事，我父亲身高一米八零。在村里面可以算是个子最高的人了，父亲年轻的时候很帅。记忆中，大概在父亲十几岁的时候，我爷爷奶奶就到外地去了，奶奶来了上海，爷爷到外地做生意，所以在父亲十几岁的时候，爷爷奶奶就把他托付给了他的外公，我的阿太，那时在农村，阿太是个比较富裕的农民。听阿太讲，"城镇有什么好，我们这里有田有山有的吃"。父亲从十几岁开始，就在阿太家里面住下来了。记忆中的父亲勤劳淳朴、勤俭持家、忠厚老实，特别与世无争。

父亲小学毕业，每天早出晚归。后来，父亲成了家。我有两个姐姐，大姐大我四岁，二姐大我一岁多，大家想着有啥事情会发生呢？我常常动不动就欺负二姐，因为差不多大，所以有时候二姐哭了，父母就猜想又被弟弟欺负了，那我父亲回到家看见怎么又这样子，父亲就叫我过去，打后脑勺一个巴掌，那时候母亲保护我，讲情，"别打别打，别打后脑勺，要打打屁股，打后脑勺会把人打笨的"。这就是我在这一幕，那一刻，那种话语，一辈子也难忘的啊！所以，母亲非常疼爱我。

母亲是初中毕业，那么在农村的时候算是知识分子了，那个时候母亲也是勤劳俭朴，比较勇敢，有开拓的品质，很贤惠。改革开放之后可以做小生意，那时候为改善家境，母亲很早就起床，大概我记得应该三四点钟就起来，拉着手拉车到另一个村去做年糕，大概六七点左右就拉回自己的村，然后去让村民来换热的年糕，热年糕还蛮好吃的，很香，大家用米和加工费来换这个年糕，那一天下来也有十几元可以赚。

我记得有一年父母辛苦劳累了一整年，快春节了，可以分红了，我们家是倒挂的，就是还欠生产队几十元钱，所以当一天有几元十几元收入的时候，真是开心的不得了，全家人都非常非常开心。后来村里改革开放，村里可以开小店，母亲就把一间靠马路的房间的一道墙拆了，变成了大门，开了一个日杂店，于是父亲就每天踩着三轮车到柴桥镇上的批发部进货，开了将近二十年。29年前，就是栋栋出生的那一年，我也有了积蓄，把父母的老房子拆了，改造成了一个两层楼的新房子，大家马上就会明白栋栋名字的由来，因为刚好我们造房子要起梁，那个中间最高的那个大梁，正好栋栋要来这个人世间，老天就给了我一个启发：正，栋梁，取名为：胡正栋，这是父亲对于孩子的一份希望，所以栋栋的名字就是这么来的，记得在父亲70岁后，他会看报纸，我就给他定各类报纸，让他看看。

那时候父亲就基本不太想学新的东西了，这个不会，那个不想学，这个太难，那个太烦，所以有时我总要说他，"你要好好向老妈学，你看老妈一直在学，活到老学到老啊，你多去锻炼身体……"反正总之我见到父亲总有很多的要求。

163

在2019年9月底，我在中国台北上家庭圆桌生命教育的二阶课程，那是四天四夜的课程，前面三天三夜是讲人生真善美的十大架构，就是如何修持戒定慧、信愿行，最后一天是讲《为人父母》。我记得江老师这么讲，天下没有不是的父母，他们是我们最好的父母，父母配我们刚刚好，怎么有人生下来还会怪父母或者对父母有许多要求呢？但父亲已经近八十岁了，我怎么还对父亲有那么多要求呢，于是察觉了自己的心，我在村里面还被认为是很孝顺的儿子，我觉察到自己有孝，但是顺还不够，顺从才有智慧，顺势而为才是大道。父亲们，希望您可以把这句话记下来，顺从才有智慧，顺势而为才是大道。

上完课程回来就是国庆节，在10月6日我和父亲就有了这样一段对话：

子：老爸，对小时候的我，您有什么期望吗？

父：好好读书啊，不要再做农民。

子：我现在的样子，您满意吗？

父：满意的。

子：那您现在对我还有什么要求吗？

父：没有要求，只希望你工作不要太辛苦。

子：我在小时候做过很多让您生气的事，您现在原谅我了吗？

父：小时候那是你顽皮，不生气。

子：谢谢老爸，我爱您！

在这一刻，我和父亲这个对话完成以后，我自己是满心欢喜，一份圆融的感觉。父亲坐在轮椅上，借家庭照片的名义我跟父亲自拍了一张，父亲那时候的帕金森已经越来越严重了。

这个对话后，不到两年的时间，在2021年7月28日，我父亲仙逝了。父亲在世时，每一次我回去老家就会和父亲待在一起说说话，我会擦擦他的身体，我会抚摸他，摸摸他的头，我们常说老顽童，老顽童，其实人越活老了，就"返童"了，我们每一次去之前他总是期待着，每一次走了总是有点不舍，我看得出来父亲的表情。

从我21岁开始工作，到现在三十几年，凡是节日我几乎都是陪父母，与父母一起过，宁波到上海，上海到宁波，这一切栋栋都是参与其中的。

父亲们，我们的父母他们不欠我们，父母都已经尽力了，父母把我们生下来就完成了天道。如果还养育了我们，那就是完成了人道。即使有父母把孩子生下来送了别人，那也是老天另有特别的安排。我们做子女的怎么可以不孝顺父母呢？没有父母，我们连做人的机会都没有，每一个不孝顺父母的子女，必定会吃尽苦果。

这对话后的两年里，我每一次去，每一次都当作和父亲的最后一次见面，让我能够不留遗憾，因为我在上海嘛，所以，就会想到万一。那天，7月28日晚上7点，我还在办公室加班，我接到母亲的电话，说，"儿子，你爸走了"。我是晚上11点30分赶到老家，父亲已经离开了。但是在我的心里我和父亲的关系是很圆满的，非常的圆满。我们对父母亲不要留遗憾，有什么想到就马上去做，父母在，我们还有来处，父母不在了，我们只剩归处。好好孝顺父母，好好孝顺父母！

30岁之前是父母滋养我们，30岁之后，作为孩子的我们应该反哺、滋养父母。所谓"小孝养生，中孝养心，大孝养灵"。"小孝养生"，养生就简单给钱；"养心"也还好，陪伴父母，有机会就陪伴，买一些东西啊，然后通通电话，交流交流；那"大孝养灵"，何为养灵？和我们一起成长，让父母的心和灵都能够更高维度去提升，和我们一起成长，我们都是父母的好孩子。无论是怎么样的父母，其实配我们都刚刚好。我们此生如果有什么成就，那都是应该归属于我们的父母。就像我父亲，父亲如天，母亲如地。父亲淳朴，忠厚老实。父亲无为，就老老实实做个农民，老老实实看个店，我们觉得物质不丰富，我们才想去做大事，练就了才干。大家觉得是吗？如果父母非常能干，样样都为我们准备好了，样样都为我们做了，我们还会有这么大的才能吗？我们不用做了，所以我们所有的才干，我们此生所有的成就都归属于父母，是父母的智慧让我们成就。

看完这一章节，我也想请大家与父母来一次对话：就是您也可以问一下父母啊，"曾经对我们有什么期望？我现在的样子您满意吗？您现在对我还有什么要求吗？之前我做过一些让您生气的事，您现在原谅我了吗？"（我在这里有个小小的期望，当你读到这里的时候，拿出手机打电话，问候一下你的父母，好吗？）

对于子女来说，父母会舍不得看孩子受苦，舍不得看他不好。其实孩子啊，不是我们的，孩子因我们来，灵魂属于他自己，孩子不是我们的私有财产，更不是我们的"殖民地"。他是一个人，完整的人。为什么来做人呢？那孩子一定也有他的因缘啊，需要他去经历一些事情，孩子不需要成为我们，孩子不需要成为你，父亲们，您的孩子不需要成为你。我们只是一个缘分，要放手。我这二十几年来，每一次的节日有机会就看父母、陪父母，您说孩子他就会看在眼里对吗？想在心里对吗？然后他也会传承。子女要圆满父母的关系，此生我们不留遗憾。在孝顺与爱父母当中，使孩子传承这份孝顺与爱的能力。我们是孩子一辈子的好榜样，我们孝顺父母，孩子哪会有不孝顺的，只要他在这个环境下他一定会孝顺的，我们要有这个智慧看到事物的本质。

　　大家可以想想，为人父母，我们做什么呀？我和大家分享的是修身、齐家、治企、利天下。当然这个"企"，需要根据实际情况具体分析：如果您是公务员，那就是为政府为市民去服务；您是事业单位也是一样；您是老板，您得为这个机构去奋斗；您是员工，您把机构当成自己的事业你一定会收获更多，不要只是说自己是打工的，我们用我们的时间，用我们生命的每一天在付出，如果不把它当作自己的，我们可亏大了。我们的才能是在事情上磨的，我们把一个部门的事承担下来，您就是部门的主管，我们把一个大的部门、一个板块承担下来，您就是总监，我们把整个公司的事装在自己的心里，承担起来，您就是总经理，把整个街道、整个镇、整个县、整个区、整个市都装在心里，您就是街道主任、镇长、县长、区长、市长了，对吗？父母要做这个做好的，当然修身主要的是修心，很多人一直在寻找依靠。其实所有的外援都靠不住，真正的力量存在于我们每个人的心中。

一个人，有多大的才干，就能做多大的事；能容多少人，就有多大的德性。我们普通人，要守住这一点：唯有善是最高的信仰，是最高的文明啊。这辈子，所以我们只管行善积德。

我们成家立业，家庭有厨房，厨房一定要开火，才能把日子过得红红火火，所以厨房一定要多开火，我们都是一家人，开火了怎么样，一家人都在一起吃饭了嘛，家务要多做一点，无论你是母亲还是父亲，无论你是妻子还是丈夫，我们有时候一句这臭男人好大的架子，在外面是那个"总"那个"董"啊，这个"长"那个"长"的，回到家还是这副臭样子。做父亲了也还是这副样子，做丈夫了还是这副样子，做父母的儿子还是这副样子。我们要如水一样，我们可以有很多的样子，每一个角色都把它扮演好啊，多做一点，别端着，特别是做男人、做父亲、做丈夫，别老是那副臭样子好吗？多做一点家务，所以家里开火，我们就能吃在一起，否则各吃各的饭，各走各的路，那么即使人在一起，心也不在一起了。

普天下没有不可原谅的人，说我恨他，我永不原谅他，用他人的"错"来惩罚自己，我们要想，天下没有不可原谅的人，人总有不得已的时候，我们父母总有不得已的时候，父母已经尽力了，他们也有不得已的时候。所以我们有时候个性很强，我们有时候也有脾气，脾气、个性其实都是过去的业力，是还没有成熟的你，这不是本性，我们要找回自己的本性，找回赤子之心。我们看到我们的孩子出生的时候是什么？天真无邪对吗？他一出生，所有家人朋友都对他微笑，叫他小宝宝，他有这个能量啊，他天真无邪，他拥有赤子之心。

这辈子最重要的，当我们成长历练，当我们读书考大学工作，为人父母，甚至成为爷爷奶奶、外公外婆时，我们最重要的是保护好自己的赤子之心，不只是吃、穿、用，是好好爱自己，永远不失去热情阳光，有爱之心，不要因为人家的错、世界的恶而失去自己的赤子之心。我记得之前我也有很多对于妻子的意见，比如，晚上睡觉前我总会看一看太太拉的窗帘是不是还有一丝缝，因为我这个人睡觉比较警觉，稍有动静，一有亮光，我就醒了，所以，早上五六点就有亮光透进来，窗帘就差那么一个缝没弄好，我之前就会指责太太，怎么窗帘没弄好。挤牙膏的时候，"你看挤牙膏不从后面挤，怎么从前面挤"。都是那么细小的事情，我是这么的计较。上生命教育课以后，在我觉察到以后，我愿意改变了。窗帘有缝隙，大不了我去拉一下，睡觉前我去拉一下，不就是再拉一下嘛，大不了我挤牙膏的时候自己把它弄好就行了，还说什么呢？难道我自己是完美的吗？也不是，也有很多要被说，其实都是极小的事，我们自己把它做好了，我愿意，那就美好了，不是吗，所以我们为另一半多做一点又怎么样呢？以前我们总会讲，"吃一堑，长一智，不经一事，不长一智"，现在我们要诸事圆满。做梦是为了什么？做梦是为了醒来，否则我们为什么还要做梦呢？人为什么要死呢？是为了我们醒来？是为了我们越早醒来越好。

有次在线上演讲班，其中有一位小同学的分享，应该是"00

后"，感动的我眼泪唰地就下来了，其实我周围也有一些"00后"的朋友，与父母关系比较僵，几乎到了对立的地步。他有一段话的分享是这样子的，我把它摘下来了。他说："孩子永远等着父母道歉，父母永远等着孩子感恩。双方就这样等到世界末日，等到地老天荒。"为人父母的你听见了吗？你看见了吗？孩子在等着你。那一刻，小学长的分享，让我们三十几个学长深受感动，真是好孩子，他主动给母亲写信，他主动去感恩母亲。他融化了，相信他会感化他周围很多这样的同龄人，看见一个比我们小一代的孩子有这样的决心真美好啊。

文化传承：感谢父母对我的养育之恩，感恩家庭的血脉相承

我们这一路的学习，古圣先贤的家书，我们一定也有了解，也有看到一些。那《诫子书》是诸葛亮的，还有大家耳熟能详的一句名言："静以养生，俭以养德。非淡泊无以明志，非宁静无以致远。"看到曾国藩的家书，这是毛主席都非常尊崇的一位厉害的人。他提出："人第一要有志，第二要有识，第三要恒"，他在给儿子曾纪鸿的信中说："但愿为读书明理之君子。"我想起在我爷爷奶奶的坟墓前，有一个坟碑，我记得是爸妈请一位长辈写的，写着那么两句话，"不求金玉富，但得子孙贤"。我们此生不是来追求金钱的，追求金钱我们到时候会觉得不值得；我们此生也不是来追求情爱的，如果一辈子只为这个情爱，看见这个好，看见那个好，那我们没完没了。所

以会觉得，这太傻啊，我们此生来干吗？熟读圣贤书，学做圣贤人，见贤思齐，读书明理。请让我们的孩子也一样。做父母的我们不要着急，当然我们还没成父母的也一样，我们什么时间把什么事完成，我们不急不缓，笃定往前。因为人生百年有四万天，现在活到一百多岁应该不是太大的问题，我们这一代都有机会，大家努力，好好保持健康，好好保持精神，好好积极阳光，我们都活过一百岁，都可以啊，所以我们对待孩子啊，不要只看一次考试、一个学期、一段学习，在一个月、一年去争这个、争那个，我们只要回头看自己有进步了吗，有进步了就好，孩子只要回头看自己有进步了就好，不要去比较，比较与计较那都是"歪道理"。还有一个《钱氏家训》中耕读于诗书的例子，这个我又想起栋栋，初中的时候他的房间经常关着门，还在门缝里递出一张纸条："别烦我啊，我在耕耘中"，我们孩子也在耕耘，在慢慢长大。卡内基训练大中华地区负责人黑幼龙有一本书叫《慢养》，挺不错的，还有克里希那穆提有一本书叫《一生的学习》，这都是很棒的书，父亲们有时间也可以看一看。

　　我有一个问题，您有家书吗？我们人生都一样，只有一条路，那就是归去的路，对吗？在那一天来临之前，我有个想法，希望您也能写下自己的家书。2021年下半年，我母亲在我们的微信群里说：她准备把家族从她爷爷奶奶这辈的故事写下来，写下爷爷奶奶、外公外婆、父亲母亲，这些平凡人不平凡的故事。当我看见这一段对话，我真的是无比幸福，无比喜悦，母亲在做我们的家书。感恩母亲，感恩母亲。父亲离开后，母亲一个人在家，母亲长达五六年都在照顾生病的父亲。母亲在她60岁之后，一直是在村里面老年会居家养老，搞文艺活动，因为母亲会唱、会跳、会写、会拍照，所以母亲在六七十岁的时候还获得北仑区的一个奖项"居家养老优秀个人"奖，因为母亲帮助村里很多比较少依靠的老人，常常去派送物资。母亲一直在做志工，写文章、办活动、去投稿。我说："老妈你真积极啊"，母亲一直是像学生一样充满活力地在那里做着志工。当父亲要坐轮椅了，然后我说："母亲你就太辛苦了，要不这个村里面志工的事多让给人家身体好一点的年轻人做吧。您又要照顾父亲，又要忙外啊，等下自己身体弄坏了，"所以那时候母亲才回归家庭全心照顾父亲。包括在父亲最后几个月就只能躺在床上了，也是母亲日夜陪伴。所以，回忆这个，父亲离开已经快有一年的时间，父亲离开后两三个月，母亲就感觉孤独，以前是三四点就起来，至少还有人说话，即使父亲已经不大会说话了，但还有事情做，有责任在。现在只是一个人了，把自己照顾好就好了，一顿三口饭，好像没啥事情，我说，"老妈你可以回忆回忆"，她说："我不会写，我能写好吗？"我鼓励她，"您可以的。"那时候母亲还没想好，然后没过多久，母亲说我准备好了我要启动了，我已经把爷爷奶奶的故事写了几个了，太好了，感恩母亲，我说我会和您一起完成，您写您的上三代，我写我的下三代平凡人的不平凡事，我会把它这个印出来，印成书，我们家族的人，一人一本，把我们长辈，把我们的祖先，我们这个平凡人的不平凡的故事写下来，当然在我心里面，我的外婆像"活菩萨"一样，哪个阿姨家有事，她就到哪个阿姨家，我们去外婆家，家里有什么她就："来来来拿去拿去这个拿走,"恨不得把家里所有能吃的、能用的都让我们带走,外婆就是这样的人,所以要把她写下来,你看我们下一代啊,再下一代就看不见外婆了,所以就不知道了。我母亲是家里的老大,我是家族的大外孙,是外公外婆的大外孙,所以我也感觉自己有责任,要把这个家族带领好,勤劳、俭朴、善良、有爱,要传承下去,所以我鼓励了母亲,母亲勇敢地走出了这一步,我还要总结、提炼我们家族的家风,把它写出来。我希望也能邀请我们每一位父亲,如果您此生也会有家书,您会写下什么?这一生您会留下什么?我们现在该怎么做才能让这一生对自己无后悔、对父母无遗憾、对子女无挂碍?我想每个人都可以有自己的答案。

作为父亲,把小家庭经营好了,就要为家族做一点儿事情。我们要寻根、要感恩,人生才有归处。我们都会成为后辈的祖宗,祖上是要积德,后代才能发展平顺有福报。当意识到我们都会成为祖宗的这一点,能激发起我们父亲的一种担当,我们每一家都应该把家族文化概括写下来,把这种精神力传承起来。我们好的价值观和做法值得子子孙孙传承下去。我希望我自己这一生,能被我的子孙们有这么一句评价:我们祖上胡洪军行了不少善、积了不少德,让我们以他为榜样,做更好的自己,为这个社会、这个环境做点贡献。

我们中华民族有五千年辉煌历史,也是因为有着文化的血脉,经过历史的沿袭和变革,传承至今,父亲们要负起对家族的责任,还要负起对社会的责任。

💗 价值贡献：父亲的社会责任

作为一个男人，当他能够照顾好自己的家人，照顾好自己的家族，也需要为社会的发展贡献自己微薄的力量。很多人说应该把家国放在第一位，古人有云，"一屋不扫何以扫天下？"我认为，照顾好自己，是作为人的天职，当然不是自私地只照顾好自己，而是只有自己安康才有能力照顾他人，照顾好自己的家人，家人幸福，他们也能与自己一起为文化传承和社会发展做贡献。

创业也是承担社会责任的方式

作为企业的创始人，我对团队的责任也很重大，我的责任是引领企业和团队学习赋能，共同发展，实现正确价值观的引领，为企业建立符合企业发展需求的企业文化，而不是去监督考核，管理机制，那是管理团队的责任。

我一直提倡我们的团队要学习、要读书、要参加培训，我学完的课，我觉得值得听的，就推荐给团队，有的课买下送给他们去听。比如说我们有一个核心团队，核心合伙人有八位，我就和他们建了学习群，在群里分享，互助赋能，新的团队需要磨合，融合价值观，我也感受到他们的能力都在不断提升，我觉得这个就非常好。现在围绕着助力人们"生命健康、生活幸福"的核心，布局孩子全程学业规划、青少思辨、科研论文辅导、智慧父母、全球旅修等业务，每一个项目合伙人都要去扩大业务，拓展市场，要发挥每个人的主动性，发挥他们的潜能，我欣赏他们、赋能他们、战略把关，这是我重要的事情，也是我应该做好的事情。

我关注自己和家人的健康，也关注合伙人和员工的健康；我关注自己的家庭幸福，我也希望我的合伙人和员工家庭幸福，尤其是作为合伙人，自家的家庭如经营不好，那你就还不是我合格的合伙人。所谓领导力，内核其实就是价值观引领，而且是一种正确的价值观的引领。至于怎么管理，怎么经营那些术，有规章制度在，不需要我盯着，只要每个人具备基本的能力，然后他有心做到，我觉得很多事都是能做好的。

作为企业的创始人，除了价值观引领，就是个人德行的修炼。想做大事一定不是一个人实现的，一定是团队一起才能干得成的。一个创始人能引领多少人，把这些人带到什么高度，靠的就是德行了，此所谓"厚德载物"，越是修炼自己，在发展的路上就越向正向循环，你在做大事发大愿，又有大的正能量回流给你，最终助你成就一番事业。一个人胸襟狭小，精于算计很难做人事，我们要把握生命的罗盘，不要只是算计的算盘。稻盛和夫先生讲到一段人生哲理，他说，"人生的唯一目的就是修炼灵魂，使其在谢幕之时比开幕之初高尚一点点。我认为这就是人生的目的，除此之外，人生再无别的目的"。他讲的已经不只是修德行，而是讲到了更高的层次，到了磨砺灵魂的层面，我也很认同。

扩大到更广阔的社会层面，我还承担着不可推卸的社会责任。

我一个人好，不算好，大家好才是真的好。爱屋及乌，多去关注其他人的需求，把自己身上这种持续学习成长的力量和历经岁月打磨出来的洞察力，用来观察周围人的需求，甚至社会上那些不认识的人的需求和问题，去帮助他们，力所能及地帮助别人，这个我觉得是我的社会责任之一。

早在十多年前，我和太太就开启行公益、做志工的大门，力所能及地出钱、出力、出资源，现在担任着好多家公益机构的理事或会长，为弱势群体孩子的学业、教育成长、图书馆、环境可持续发展等出资出力，近两年我和太太经常在生命教育的课程中做志工天使，用生命影响生命。当我们在这么做时，孩子是看在眼里想在心里，影响在行动里的，他内心也早已种下了公益慈善的种子，在中学时，栋栋两次在卡内基训练做志工学长，用生命影响生命；在2013年栋栋刚满18周岁，去贵州贞丰三十余天，为落后地区农村建水窖、修村路做志工；2024年的春节，栋栋和他的女友一起，利用在英国做博士后研究的业余时间，助力英国伦敦最大华人社团举办数十万人参加的迎春活动做志工天使，我们一家人都行走在公益慈善的路上，"老吾老以及人之老，幼吾幼以及人之幼"。

我们一家人彼此加持与欣赏，为更好的教育环境、社会环境，为更美好的地球村、为中华民族的伟大复兴、为天下人尽匹夫之责。

[第七章]

一

放手的修炼

　　为了成功地生活,少年人必须学习自立,铲除埋伏各处的障碍,在家庭要教养他,使他具有为人所认可的独立人格。
　　——美国人际关系学大师　戴尔·卡耐基

💕 身体的放手：孩子获得飞翔的自由

伴随着孩子渐渐长大，我对放手有了很深的感悟，孩子成长就是父母逐步放手的过程，不管你有多么不舍，他们都要飞向自己的天空。

一个人成长的过程，就像一个小树苗长成参天大树，最终他需要自己沐浴阳光，经历风吹雨打。很多父亲事业很成功，从为人处世到学习运动，各方面都很强，但是他总是会有意无意地想去控制自己的孩子，甚至总是希望孩子超过自己，在孩子成长的过程中，给孩子制造了无形的压力，而自己却不自知，由此产生的亲子矛盾也无法化解。

如果从一开始，父亲就意识到培养孩子独立，就是为了让他在成长的过程中获得独立的能力，那么，父亲的放手就不是突然的、痛苦的，甚至是被迫的，而是持续的、欣慰的、主动的放手。

0~3岁培养孩子基本的生存能力；3~6岁形成基本的生活习惯；小学阶段找到孩子的兴趣爱好；中学阶段引导孩子的情绪表达和情感发展；大学阶段支持孩子选择热爱的专业并进行深造，以后交往男女朋友，甚至结婚都需要孩子自己决定，这一步步走来都是在为孩子独立做准备，也在为父亲的放手做准备。

这些年我和太太能够对孩子放手，一方面得益于公益对孩子的锻炼，另一方面也是公益为我和太太内心赋能的结果，我们相信公益的力量，相信付出就是播种，相信每个人只需要虔诚地付出，老天自有安排。

我和太太一起已经投身公益十多年，记得我在2015年参加"一个鸡蛋的暴走❶"的公益活动，一天走50公里，2016年第二次，2017年第三次，第一年的时候我一一联系微信里大约5000位联系人，呼吁他们一起做公益。第一次是20%的人都捐了款，2016年第二次是25%，2017年第三次是30%。不断的感召，不断地让我圈子里的人了解公益，并且参与公益，因为慈善是金，就是我们去捐物质，公益人人可为，一块钱也是爱，捡个垃圾也是爱。所以在这十多年来，我投身雷励公益❷，我原来也是一个支持者，一个受益的孩子的家长后来慢慢成为了理事会成员。在这十多年间，为雷励公益累计募集了近两百万元善款，结识了一批在公益平台上的热心人，那些有大爱之心的人，收获了很多的朋友，所以深深地感到此生只赚不赔的生意就是投资学习，投身公益。

我不仅自己投身公益，我也让儿子去参与，2013年栋栋骑行了450公里，在很偏远的乡村建水窖、修村路，他体会也很深，虽然很辛苦，他说："足够专注，足够专心地骑行在大自然的路上，给别人送去需要的东西，不用去在意路人的眼光，这种一心盯着前方的奋斗感，让我觉得充满力量。"那一年他还在读高中，这次经历让他一生难忘，虽然骑行有风险，但是我和太太选择相信主办方的专业，并且

---

❶ "一个鸡蛋的暴走"（简称"暴走"）是一个平台公益筹款活动，旨在为多个儿童领域的民间公益项目筹款。

❷ 雷励中国（Raleigh China）是致力于青少年发展的教育型公益机构。

尊重孩子自己的选择，他选择了参加就鼓励和支持他。太太其实有些许担心，那几天都睡不好，我也是，睡得也不踏实，第一次出远门去条件比较差的地方，担心他吃不好、睡不好、遇到什么、发生什么，真是可怜天下父母心。可是我们没有打电话打扰他，只是一直在关注主办方发布的进程，每天靠这些信息来安心。

这次放手，很大程度上是对孩子人身掌控的放手，想一想，孩子从小到大，很小的时候，连离开视线范围都会担心，从独自离开家会担心，到独自离开小区，到独自离开所在城市，到去有危险和考验的地方，父母的放手是一步步的，不安不舍都是真挚的情绪，但是对人身的放手又是必然的选择。

❤❤ 学业的放手：孩子获得选择未来的自由

很多父母最放不开的，其实是孩子的学业。尤其是高考结束，父母根据自己的事业发展和职场经验，会干涉孩子选学校和专业，笃定地认为哪个更有前途，就帮孩子做出了人生一个非常重要的选择，甚至在选学校和专业的时候都不曾跟孩子达成一致。

一位做学生工作的大学老师告诉我，很多孩子大一入学后，要花很长的时间接受自己的专业，即使当初是自己选择的专业，内心的想象和现实的学科内容之间存在着比较大的差异，需要去接纳，何况那些一开始就没有跟父母达成一致，就对专业产生了心理排斥的孩子呢？

在我儿子选择专业的时候，我们两个产生了一些分歧，也就是从那时候开始，我意识到我不能独断专行地帮孩子决定他的人生，不管我是出于任何的理由，不管是所谓的父爱或者现实的考量。

当我跟儿子的沟通陷入僵局的时候，我还是很理智地给孩子做了一个生涯规划，让他自己去做选择，虽然自己心里气得直咬牙，觉得他会后悔自己做的选择，没有后悔药吃。但是我还是最终选择了尊重他的选择，因为他也非常坚持自己的主见。这就是一种放手，我给到足够的信息和参考意见，这是我和他在一个关乎他人生的重大事项里，我做出的巨大让步。我现在很庆幸没有帮他做决定，没有强迫孩子选择我认为更好的学校和专业，因为我发现他为了证明自己的选择是对的，一直在努力学习，这个时候选择什么学校和专业已经不那么重要了，更重要的是他敢于为自己的选择负责，并努力去证明选择的正确，我想这就是放手的意义。

在大学选择专业这件事情上，是父子关系互相尊重、平等相待、自由民主最集中的体现，它不仅仅影响了孩子未来的事业发展和就业方向，还会影响孩子在大学里的生活方式，需要综合考虑多个因素。作为父亲，可以与一家人一起，把它作为一个家庭课题来研究，教会孩子在人生的重要节点，如何做出明智的决策，而不是代替孩子做出影响人生走向的决定。

首先，放在第一位的是关注孩子的兴趣和优势。孩子的兴趣爱好、性格特征和优势在哪些方面，什么专业更加适合孩子，父母需要尊重孩子的喜好，这将有助于你帮助孩子分析哪些领域可能最适合他，并让他在未来的学习和职业生涯中保持热情。

其次，和孩子一起研究所选专业的前景。在选择专业时，了解专业的就业前景和发展趋势也是非常重要的，与孩子一起就像做课题一样，通过查阅相关行业报告、与专业人士和资深朋友交流或参加职业规划讲座等方式来获取这些信息。同时，关注国家对某些行业的政策支持和发展规划，这些都将影响未来的就业市场，孩子在这个过程中也会懂得原来为自己做出决定，需要多方获取信息，理性地做出选择，而不是仅凭兴趣草率地做出决定。

接着，也要综合考虑学校和专业的排名。学校和专业的排名在一定程度上反映了其教学质量和学术水平，与孩子一起研究学校和专业的排名榜单，结合孩子的兴趣和目标，选择适合他的学校和专业。

当然也要注意，排名并非唯一标准，可能孩子还会特别喜欢某一个城市，还需要结合其他因素进行综合考量。

再次，利用自己的人脉资源，带孩子多方咨询和沟通。在选择专业时，不妨多向身边的专家、学长学姐或亲朋好友寻求建议，他们可能具有更多的经验和见解，能够为你和孩子提供宝贵的参考意见。同时，也可以带孩子参加目标学校的实地走访，让孩子提早感受学校的氛围，这样也能帮助孩子做出自己的判断。

然后，作为父亲要保持开放的心态。在选择专业时，不要过于执着于自己作为父亲的初始想法，认为哪个更有前景。有时候，你可能会发现一些原本不在你考虑范围内的专业其实更适合你的孩子，符合他的兴趣和优势。因此，保持开放的心态，勇于尝试和探索新的领域，可能会让你和孩子发现更多的可能性。

最后，请记住，选择专业是一个个人化的过程，没有固定的标准答案。尊重孩子的选择，做出最适合自己的决策。同时，不要担心选错，也要意识到选择专业并不是一锤子买卖，未来仍有转专业的机会和可能，不必过于焦虑和担忧。但孩子为自己的专业做出了选择之后，记得恭喜他，从此他要开始为自己每一个重要的选择承担责任。

♡♡婚姻的放手：从爱情到婚姻，父母不干涉

好多父母等孩子上大学了，又开始焦虑孩子的婚姻。前阵子跟朋友一起午餐，饭桌上一位母亲焦虑地说，孩子30岁了，不谈恋爱，也不想结婚，愁死了。另外一位母亲说，还好孩子现在谈了个男朋友，要不然我都不知道她喜欢男生还是女生。大家也都知道是调侃，说明了父母们的焦虑，从小到大，都不曾停止。

孩子的爱情和婚姻，每一对父母都很关注，我非常欣赏一位大家的做法，他就是梁启超。在解玺璋的著作《梁启超传》中，我们可以读到一位老父亲为自己的孩子谋划婚事，但是又十分尊重孩子的想法，促成一桩儿女良缘的故事。

梁思成是梁家的长子，梁启超对他的期待和关心自然更多了一些。梁思成的童年是很清苦的，由于是在流亡之中，梁家的生活始终非常拮据。但知识渊博又充满爱心的父亲，仍然让他觉得自己的童年时光是趣味无穷的。像对待思顺一样，梁启超也是儿子的启蒙老师，并把他送到自己为华侨子弟创办的同文学校读书。学校位于神户市区，离家有很远的一段路程，每天赶小火车上学，还是很辛苦的。很多年后，梁思成回忆起童年紧张而有趣的生活，仍大为感慨。民国初年，梁启超回到阔别14年的祖国，凭着他在戊戌维新和晚清政治进程中所取得的卓越声望，很快便获得了比较稳定的社会地位。第二年，夫人李蕙仙带领暂时滞留日本的家人启程回国。从此，梁家便在天津

安顿下来，并送思成、思永到北京上学。梁思成先后就读于南城的汇文学校和崇德高小。大约两年后，1915年，年仅14岁的梁思成就考取了名气很大的清华学校，开始了他长达半个多世纪的学术人生。

梁思成与林徽因的婚姻一直被梁启超视为自己的得意之作。梁家与林家可谓世交，梁启超和林长民的交情，可以追溯到民国初年二人共同筹划成立宪法研究会的时候。在交往中，两人的共鸣和默契表现在做人和兴趣的诸多方面，他们很快就成了意气相投的好朋友。所以，当儿女到了谈婚论嫁的年龄，两位父亲几乎同时想到了联姻这件事。1919年夏天，在他们的刻意安排下，18岁的梁思成在父亲的书房里见到了14岁的林徽因。不过，对于儿女的婚姻，梁启超并不主张完全由家长包办代替，他一再表示，他只负责观察、挑选，给他们提供相识、了解、培养感情的机会，最后的决定权还在儿女手里。思顺的婚姻是这样，思成的婚姻也是这样。他甚至希望，"普天下的婚姻都像我们家孩子一样"，不过，他也对思顺感叹："但也太费心力了。像你这样有怎么多弟弟妹妹，老年心血都会被你们绞尽了。"说归说，他照样乐此不疲。

的确，梁思成与林徽因的婚姻让梁启超操了不少心。林家原本希望能早一点订婚并举行婚礼，但梁启超考虑，两个孩子的学业和前途更重要。所以，他主张思成和徽因继续求学，待学业完成之后，再订婚、结婚，建立自己的小家庭。他甚至还有这样的打算，考虑到思成所学，也许不便于谋生，于是提出："你们姐妹弟兄个个结婚后都跟着我在家里三几年，等到生计完全自立后，再实行创造新家庭。"后来急着为思成找工作，帮助他解决生计问题，就是因为发生了新的情况。林徽因的父亲不幸在战争中遇难,"思成结婚后不能不迎养徽音之母,立刻便须自立门户,这就困难多了"。为儿女,梁启超总是想得很细、很多,事事都想在前面。当时的梁启超已经疾病缠身,但他仍然不能放心万里之外的梁思成。他在给梁思顺的一封信里写道:"我们家几个大孩子大概都可以放心,你和思永大概绝无问题了。思成呢?我就怕因为徽音的境遇不好,把他牵动,忧伤憔悴是容易消磨人志气的(最怕是慢慢的磨)。……我所忧虑者还不在物质上,全在精神上。我到底不深知徽音胸襟如何:若胸襟窄狭的人,一定抵挡不住忧伤憔悴,影响到思成,便把我的思成毁了,你看不至如此吧!关于这一点,你要常常帮助着思成注意预防。总要常常保持着元气淋漓的气象,才有前途事业之可言。"

我们体会梁启超的这一番话,他是深知林徽因与梁思成在性格上有很大差异的,特别是在遭遇了父亲死难的悲剧之后,她的情绪波动很大,甚至影响到梁思成。梁启超专门写信给思成,对林徽因表示安慰:"我从今以后,把她和思庄一样地看待,在无可慰藉之中,我愿意她领受我这种十二分的同情,渡过她目前的苦境。她要鼓起勇气,发挥她的天才,完成她的学问,将来和你共同努力,替中国艺术界有点贡献,才不愧为林叔叔的好孩子。这些话你要用尽你的力量来开解她。"过了不久,他又在写给孩子们的信中提到:"徽音怎么样?我前月有很长的信去开解她,我盼望她能领会我的意思。'人之生也,与忧患俱来,知其无可奈何,而安之若命',是立身第一要诀。思成、徽音性情皆近狷急,我深怕他们受此刺激后,于身体上精神上皆生不良的影响。他们总要努力镇慑自己,免令老人耽心(担心)才好。"梁思成后来成为中国现代建筑学领域的一代宗师，林徽因也在文学艺术诸领域取得了显著的成就，作为父亲的梁启超是付出太多的心血了！他们结婚之后，梁启超还有两点新的希望给他们："头一件，你们俩体子都不甚好，希望因生理变化作用，在将来健康上开一新纪元。第二件，你们俩从前都有小孩子脾气，爱吵嘴，现在完全成人了，希望全变成大人样子，处处互相体贴，造成终身和睦安乐的基础。这两种希望，我想总能达到的。"

梁启超介绍林徽因给梁思成，并没有一手包办，而是创造机会让他们认识，相互了解，还送他们一起出国读书，专业进修，即使在当下这个时代，也值得父母们借鉴，学习如何去促成一桩金玉良缘。网上报道上海人民广场的相亲角，很多父母拿着孩子的简介去帮孩子寻找机会，一方面是父母的良苦用心，另一方面孩子也未必真的愿意父母这么做，充分尊重孩子，而不是相亲代劳，是不是值得那些父母们反思。在孩子的爱情和婚姻上，我一直都是主张不干涉，让他自己去体验，去经历，在亲密感情中学会成长。

在和儿子的聊天中，我也知道他曾经交往过两个女朋友，我就问他："当时分开的时候，你有没有跟女朋友做很好的告别？"他说："分开就分开了，肯定会有些不愉快，怎么很好的告别？再说我不好意思，分开大家都有问题，分开就分开了，还提它做什么？"我就知道他其实并没有处理好两段感情的收尾，没有很好地告别，没有用成熟的态度去完全结束一段关系，或许还会留下一些遗憾和怨恨。

我和他分享，我说人跟人之间，有感情不和的情况，有缘分尽了的时候，到了一段感情结束的时候，要好好地跟对方告别，因为可能她从此以后再也不会出现在你的生命里，而分开的遗憾、创伤和不愉快却会一直陪伴着两个人。在告别的时候，要真心诚意地告诉她："在我们相处期间我欣赏你……我学到……我感谢你……如以前我做了对不起你的事情……我很抱歉……最后，我祝福你……"这才是真正地放下，不拖泥带水，也不留下怨恨。然后，各自各奔东西，放下过去，去开始新的人生。在盖娅生命教育的课程中管这个叫：王者道别！

分享给儿子之后，我就忙其他的事情了，过了一阵子，儿子给我打电话，说他已经做过两段感情的告别，现在他们的关系反而像朋友了，不像从前分开了就互不联系，心里还带有丝丝恨意。此刻，连自己都觉得释然了，非常感谢老爸。教会孩子放下感情，处理好分手，处理好情感里的告别，也是父亲放手的过程中要教会孩子的一项能力。

18岁以后，孩子就成年了，可以为自己的人生大事做主了，并承担相应的结果。要交往什么样的女朋友自己做主，还有生活方式，他们可能跟父母的生活习惯不太一样，我们要允许他不一样。父亲的放手，本质就是让孩子做他自己，尝试去做更好的自己，让他去探索、去体验、去感受生命，甚至摔打，在各种尝试当中去寻找自己的使命和热爱。

作为父亲，是一生的责任。我很荣耀能成为栋栋的父亲，感恩他给了我陪伴他成长的机会，让我在这个过程中也能持续成长。感谢太太，与我一起将孩子抚养长大，让他成为他喜欢的样子，而不是我们喜欢的样子。未来的人生路依然很长，我会继续扮演好一个父亲的角色，做一位进退有度的智慧父亲。

后记一
做孩子一辈子的榜样

栋栋去英国求学,每一次回国和出国,都是我和太太一起去接送。第七年送他去英国,在上海浦东机场,他进安检之前,我把一封用钢笔写的信,应该有四五张纸吧,递给他,我说:"栋栋这是老爸给你的信,你拿着飞机上看。"

我是怀着非常真挚的感情写了这封信,信里回顾了我和他的相处,回顾他在学业当中的关键选择,回顾我和他成为知心朋友的过程当中,一些我认为温暖的地方,就节选一段分享给大家,信中我说:"这世间只有一种爱是不以聚合为目的的,那就是父母对孩子的爱。这份大爱,是为了彼此更好的分离,看着你渐渐地长大与成熟,我很欣慰,而在这个过程中,爸妈也获益良多。我想一段好的亲子关系是我们都成就更好的各自吧。或许在你心里,我这个父亲的分值并不高,我一直记得你曾给我打的60分。希望在今后的日子里我们各自精进,彼此成就,希望你勇敢而自律,运动而健康,踏实而笃学。每一次看着你的背影消失于机场的转角心中总有不舍,眼眶难免湿润,就化作内心一声祝福,祝福你安康喜悦,学业顺利。下次见,我的儿子,一路平安,爸妈爱你。"过了十来个小时,他飞机平稳落地后,我收到他的回复。他的信息比较短一些,他说:"老爸,信我读了,真的非常感动，大概是我有记忆以来第一次对你讲的事情这么感动。日常中，我总感觉父子的关系很微妙，一切尽在不言中。我们受传统文化的影响，总是不善于去勇敢地表达感情和爱意，这种'不言'阻碍了我们父子亲情的连接。我上初二的时候，你送我去上卡内基训练的情商与沟通表达课。那时想要跟您说很多，但是最终还是不太敢说。此时此刻，人生中第一次感受到自己很渺小，就像站在空中花园俯瞰人间炼狱，这个花园是您搭建的，我不知道怎么感恩，但是我很感动。我可能从没有认真地说过，但是这一次我要说，爸爸，谢谢您。这封信我会好好保存，最后一页我会贴在我的墙头，每天审视自己，我觉得您的品质和人生格言是我最快能学会的。因为我就是您的传承，所以我非常能感受到您的品质，我也非常认同这些品质。就用《出师表》最后一句描述一下自己的心情吧。'今当远离，临表涕零，不知所言'，我爱您，爸爸。"我看到这些栋栋给我的回信后，我想此刻的你一定也和我一样内心温暖无比，无比激动，无比幸福。我觉得父子之间如果在成人前后，在他成家之前，有那么几次如此的心心相印，一切都值了，一切都可以联结，还有什么受不了，还有什么放不下？

在这几年，因为受大环境的影响，我所做的教育行业多多少少都有影响，我去年进入了公益型学习组织，也要像稻盛和夫先生一样，怀着一颗感恩利他之心，付出不亚于任何人的努力，把自己的心灵修得更好。企业其实我们在做的过程当中终会遭遇这样那样的困难和挫折，一个我们的民营企业说平均寿命三年也好，五年也好，我做沃尔得教育已经20年，哪会没有风风雨雨。我们还是要顺势而为，顺势能够上去我们就上，这个势如往下我们就缩小一些，我们就开源节流，缩小一些没有关系，长长久久，内在的收获都有不一样，顺境有时候不一定是好事，逆境才让我们收获得更多。所以我在接下来要把企业经营好的基础上我也立了一个目标，要和有缘人一起建立生命教育的公益项目，使更多人的生活更美好，生命更好，这就是我人生下半场要做的事。在我创业的过程中，我也会和栋栋讲这个行业我们面临的危机和挑战，栋栋对我的反应是："老爸，你不用太为我考虑，我已经长大了，我都能够养活自己了，我永远支持你，无论你做什么决定。"他还给了我一个爱的拥抱。此刻，我要对栋栋讲："谢谢你，儿子。"

这两年来，因为在一起的时间多，我和栋栋也有对恋爱、婚姻及他未来的工作事业做过很多的探讨，有一些观点不见得会一致，也有辩论，他辩，我也辩，当然辩论不是为了证明谁对谁错，不是的。这个还是从自己身上去启发啊，人有时候做父母的，我们难免总是，"我是为你好嘛，才这么建议。"此刻的我想明白，栋栋的人生路他自己走，由他自己做决定，我只需要相信他、欣赏他、鼓励他，父母在家里永远为他留一盏温暖的灯就好了。

现在栋栋在英国找到了彼此相爱的伴侣，这两年可能在英国的日子会多一些，我和太太的生活还要继续向前，我作为父亲的角色也不会停止。父母的角色都是终身制的，无论孩子多少年纪，我们始终是他的父母。所以，对孩子而言我们就是终身的生命教育者，我们是一

191

辈子的榜样，是引领者、是温暖者、是孩子生命一辈子的滋养者，滋养孩子的生命之根！

我还要继续学习与修炼，让自己的生命持续成长在觉醒之路。回头再去看在亲密关系、亲子关系的问题里，很多很多时候，我们都会感觉到过去很多难以逾越的坎儿，这当中是我"太大了"。我"太大了"，就把整个空间整个屋子给占了，所以，在这里面我们作为父亲，能够把我放小一些，大家好就是好，我为人人，人人为我，何况是一家人呢，何况是你选择的终身伴侣呢，何况是你亲生的孩子呢？所以，有什么关系呢，我没关系，我"小一点"，那一家人幸福的空间就都让出来了。任何的亲子和亲密关系里我们只要这四句话："对不起""请原谅""谢谢你""我爱你"。我们要向你最亲密的、最在乎的、最爱你的人，要有这样的觉察，要勇敢地说出这样的话，再说一遍："对不起""请原谅""谢谢你""我爱你"。

再附送您《幸福密码》课程中的十二句幸福格言：

生命是值得庆祝的

活着就是一种幸福

我是深深被爱着的

我值得拥有一切

我是一切的源头

一切的发生都有助于我

一切都有可能性

一切都会越来越好

有意愿就有方法

相信就有奇迹

爱是一切的解答

世界需要我

我很重要

　　　　　　　　　　　　　　　　　　　胡洪军

　　　　　　　　　　　　　　　　　2024年3月15日

后记二
父亲是我生命里的那道光

  幼儿园的生活，满满的都是被父亲的光环和能量照耀着，让我也成为一个充满光的人。我总感觉，在他身边，我就充满信心，也想要把这快乐、喜悦和光带给我身边所有的朋友。这么做，我是最开心的，比自己吃什么好吃的，玩什么好玩的，都要开心。

  当然父亲也没有因为宠爱我，而忽略了我的进步。幼儿园时候，我会被迫去练书法。虽然我写得还可以，但坐在书法桌子前的那段时光并不是很开心，肯定没有在幼儿园跟朋友们一起玩耍的时候开心。放学之后，父亲都会带我去书法班旁边那家麦当劳去买个菠萝派或者苹果派，来鼓励我认真来上课，父亲为了让我进步总是想尽办法鼓励我。

  小时候还喜欢跟父亲一起听歌唱歌，这也让我很快乐。开心、快乐、喜悦、挑战、锤炼、成就，这些就是我对父亲最初的记忆，充满了能量和希望。

  小学之后，跟父亲的相处少了很多。他很忙，时常不在我身边。我变得不爱学习，失去了学习的兴趣，感觉做什么都无所谓。为了让自己开心，我就开始玩电脑游戏了，这是唯一让我觉得快乐的事情。除了有点厌烦他之外，对父亲更多的是一种怨怼和挑战。这种情绪，或多或少、时有时无地延续到上大学之后，才彻底化解了。我以为是我调整了，其实是父亲真的变了。他不再是那个只顾自己的人，而是一个智慧的，真正活出了那道光的"神父"，或者至少是一个"牧师"。有了那样的转变，我也随之真地回归了对他最初的那种爱。

高中又是我们最喜悦的一段时光。我遇到了一个女孩子，当时互相喜欢，我问父亲，我该怎么做选择。我忘记他说了什么，我就记得，跟他聊完，我要对这段感情负一个男人的责任，我要有担当，为对方付出，遮风挡雨，带领她向前、走向光。

那段时光，经常跟父亲聊情感，聊事业和学业，他给了我无限的安全感和智慧，每次遇到问题，与父亲交流后我总觉得能找到我的终极答案。这种感觉很美妙，跟他也不需要刻意的联结。

高中毕业之际，在我雅思成绩下来前的一刻，我以为我完全上不了好大学了，但是他说："没事！再怎么样父亲都会无条件地爱你。"那一刻，我是被父爱温暖着的，我很幸福。我知道，就算我跌下悬崖，父亲母亲都会保护和鼓励着我，让我有勇气和力量站起来，战斗、一次又一次、一次又一次……

我可能永远是个爱挑战的、想给世界带去爱的孩子。而父亲就是我生命里的那道光，那道真理之光、力量之光、无条件的爱的化身，那个好玩的灵魂。我不会走他的路，因为那不是我的路，但我会走和他的精神一样的路，那条喜悦的探索真理之路。

胡正栋

2024年3月

后记三
父亲要活成孩子希望成为的样子

父亲要活成希望孩子成为的那个样子,要看准孩子的"热爱"和"特长"——这二者缺一不可。帮助孩子树立远大的理想,不断地告诉他,"你就是超级巨星、你就是冠军、你就是天才、你就是伟大的企业家、你就是被选中的那个、你就是引领者、这个世界太需要你了"。在日常生活中,高质量地陪伴他,不断地鼓励和激励他,用这样的标准要求自己。如果自身着急了、责骂了、打压了孩子,一定要自我反思,改正自身。自然而然,孩子就会成为那个样子的,那个为世界带来美好的样子。

对于一个孩子来说,我认为最重要的就是0~7岁和15~24岁。

0~7岁,孩子还没有自我观念和意识,所以在生活的方方面面都会模仿跟自己最亲近和亲爱的家长,也会全然地听从家长们说的道理。对于一个父亲来说,前者需要父亲有足够的共情能力和耐心陪伴,而后者需要父亲有足够的表达能力和人生阅历,所以结论就很清晰了。父亲需要在日常生活中,抽出足够的时间和精力,不但是陪伴在孩子身边,更是要将注意力给到孩子,真正跟他心连心地互动,或者至少是心连心地关注和感受他。给他能量、给他无条件的爱(注意力就是爱)。与此同时,父亲自身的修炼是不能停滞的,这主要包括事业上和家庭上的投入和自我成长。在这基础上，父亲得是一个会表达自己思想的人，不是自上而下的谆谆教诲，而是耐心托举地娓娓道来。只有这样，父亲才有足够正确的人生道理可以有效地分享给自己的孩子，形成他最底层的性格和信念，让他少走弯路。

15~24岁，这个阶段孩子不但形成自我观念和意识，而且是形成自己三观——世界观、人生观、价值观的重要时刻，这些都是孩子根据自己从小养成的性格、性情和习惯，是主动去发掘的，所以，这时家长要做的就是鼓励、支持和引导。

首先最重要的就是精神上的鼓励，让他树立自信心，有勇气、胆量、格局和大爱去追求自己想要的人生成就。不管在家长或外人眼里有多困难，只要他在底层有信念，想要成为伟大的人，他一定会成为伟大的人，一定可以在一次又一次摔倒后爬起来，继续前进。

其次就是实际的、物质上的支持。物质上的支持包括金钱、权力和人脉关系，这是让他去往不同的平台和高度去做他想要做的事情。这不是最重要的，因为一个有自驱力、有勇气和梦想的大格局的孩子，这些物质上的困难他自身慢慢就可以克服。只是父母若有这样的助力，会让他在走自己的路时，更快那么一点，得到最高成功的可能性更高那么一点。

最后就是引导，引导跟孩童时期的教育已经不同。这时的他已经有了自己的追求，所以这时的引导就是在他走自己的路时，告诉他前方有哪些障碍是可以避免的、哪些机会是可以把握的，这一切都是支持他做最好的自己。当他遇到困难和挫折，感到气馁想要放弃时，父母支持性的引导就是最重要的。这给他力量自己爬起来，充实信心，自发地做到最好。当他顺利时，让他时刻想想自己的"偶像"和"理想"，激励他乘风而起。

胡正栋

2024年3月

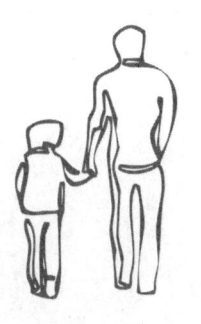